Français

Contrôle continu

Résumés de cours | Exercices | Contrôles | Corrigés

Français

Résumés de cours, exercices corrigés

2de

NOUVEAUX PROGRAMMES

Pascale MATHIEU-LIOGIER
Agrégée de Lettres modernes
Professeur en lycée général et technologique

ellipses

Collection « Contrôle continu »
dirigée par Pascal Clavier

ISBN 9782340-031548

32, rue Bargue 75740 Paris cedex 15

www.editions-ellipses.fr

Sommaire

Les textes au programme

Le travail de l'écrit

Les textes au programme

1 La poésie du Moyen Âge au XVIIIe siècle

Résumés de cours

1. Histoire du genre, du Moyen Âge au XVIIIe siècle

La poésie au Moyen Âge et au XVIe siècle

Les grands poètes du Moyen Âge

Une grande poétesse du XIIe siècle : Marie de France

Le XIIe siècle est l'époque où fleurissent les romans de la littérature courtoise. Plusieurs versions des aventures du Roi Arthur ou de Tristan et Iseut voient le jour.

Une de nos premières poétesses, Marie de France, compose des **lais** (courtes pièces de vers), dont l'un, le *Lai du chèvrefeuille*, conte l'une des rencontres clandestines de Tristan et Iseut. Après leur séparation, Tristan rôde autour de la cour du roi Marc, se tient informé des activités du roi et de la reine, et guette la moindre occasion de revoir Iseut. C'est ainsi qu'il apprend où la reine doit passer pour se rendre à Tintagel, capitale du royaume de Marc. Il se dissimule alors au bord du chemin, et laisse à Iseut un message gravé sur une branche de coudrier décorée de chèvrefeuille :

> « […] Il en est de leur couple comme du chèvrefeuille qui se fixe au coudrier : une fois qu'il l'enlace et se noue autour de l'arbuste, ils peuvent vivre ensemble fort longtemps, mais si on veut les séparer, le coudrier ne tarde pas à mourir, et le chèvrefeuille ne lui survit pas. « Bien-aimée, ainsi de nous : ni vous sans moi, ni moi sans vous. »
>
> Traduction de Jean-Charles Payen, Éditions Garnier.

Les poètes du XVe siècle : Charles d'Orléans et François Villon

Charles d'Orléans demeure vingt-cinq ans captif en Angleterre, après avoir été fait prisonnier par les Anglais à la bataille d'Azincourt. À son retour, il fait de sa cour de Blois un haut lieu de la poésie. Il chante lui-même la douleur de l'exil dans sa ballade *En regardant vers le pays de France*. Son rondeau le plus célèbre, *Le temps a laissé son manteau*, est d'une tout autre tonalité, et célèbre avec gaieté l'arrivée du printemps. En voici les premiers vers, traduits par nos soins :

> « Le temps a laissé son manteau.
> De vent, de froidure et de pluie,
> Et s'est vêtu de broderie,
> De soleil rayonnant, clair et beau. »

François Villon, licencié et maître ès arts, n'en mène pas moins une vie aventureuse et dissolue, fréquentant aussi bien les malfaiteurs que le milieu de la Sorbonne et de la basoche (c'est-à-dire les gens de justice). Charles d'Orléans et Louis XI le sauvent plusieurs fois de la potence. L'opposition entre la tentation des plaisirs de la vie et l'aspiration à une foi religieuse profonde, doublée de la conscience tragique de la fuite du temps, caractérise cette œuvre originale.

L'Épitaphe Villon, dite *Ballade des pendus* est écrite alors qu'il est une fois de plus incarcéré et condamné à être pendu. Il ne sait pas encore qu'il en réchappera. Dans ce célèbre poème, il exprime son effroi devant la mort et un sentiment de communion avec ses frères d'infortune, attendant comme lui d'être pendus. Il choisit de faire parler les pendus, comme une voix d'outre-tombe venue solliciter les prières des vivants (vers traduits par nos soins) :

> « Frères humains qui après nous vivez,
> N'ayez les cœurs contre nous endurcis,
> Car, si pitié de nous pauvres avez,
> Dieu en aura plus tôt de vous mercis*. […]

*Si vous avez pitié de nous (les pauvres), Dieu aura plus tôt pitié (merci) de vous.

La poésie au XVIe siècle

L'Humanisme : les poètes de La Pléiade

Voir 2. Proposition d'un parcours d'étude de l'Humanisme

Les poètes lyonnais et les poètes de la Pléiade

Née au XIVe siècle en Italie, la pensée humaniste s'est répandue à travers toute l'Europe auprès d'un public cultivé : les traductions des œuvres antiques, les essais et réflexions du Hollandais Érasme ou du Français Rabelais, la diffusion de l'œuvre de l'Italien Dante, contribuent au développement d'une nouvelle conception de l'homme et du savoir.

C'est dans ce contexte que les auteurs vont abandonner les anciens genres du Moyen Âge et inventer, en français, de nouveaux genres, plus dignes du lecteur cultivé du XVIe siècle.

Les poètes lyonnais s'inscrivent dans cette dynamique de renouveau.

L'œuvre de Maurice Scève est influencée par Pétrarque. Dans *Délie, objet de la plus haute vertu* (1544), il exprime son cheminement vers un dépassement de l'amour humain, pour parvenir à l'amour idéal. Il excelle dans l'art de la concision puisque la forme poétique qu'il a choisie, le dizain (dix vers de dix syllabes), l'y contraint.

Pour sa part, Louise Labé se démarque de Maurice Scève et de Pétrarque en adoptant un ton original, intime et sincère, dans la poésie amoureuse de son temps. S'inspirant de sa propre expérience, celle d'un amour de jeunesse avec un gentilhomme qui la quittera, elle décrit, dans ses *Sonnets*, les joies et les peines de l'amour. Elle dit aussi bien la joie du cœur, le plaisir du corps que la douleur de l'absence. Un de ses sonnets les plus célèbres, « Je vis, je meurs », dépeint l'ambiguïté de l'amour qui déchire l'être entre deux pôles contradictoires. En voici la première strophe, traduite par nos soins :

> « Je vis, je meurs ; je me brûle et me noie.
> J'ai chaud extrême en endurant froidure ;
> La vie m'est trop molle et trop dure.
> J'ai grands ennuis entremêlés de joie. »

Ainsi, avant la Pléiade, les poètes lyonnais tentent d'exprimer en vers français les pensées les plus complexes et les analyses les plus subtiles.

La Pléiade est le nom donné à un groupe de sept poètes considérés comme une constellation poétique par allusion aux sept filles d'Atlas. Zeus changea ces dernières en colombes pour les soustraire au géant Orion, puis les plaça parmi les constellations. Cette désignation est appliquée pour la première fois à sept poètes alexandrins, au IIIe siècle avant Jésus-Christ. Au XVIe siècle, le terme est repris pour désigner le groupe de poètes qui se rassemble autour de Ronsard, et qui comprend Joachim du Bellay, Jean Antoine de Baïf, Pontus de Tyard, Jodelle, Rémi Belleau et Jacques Peletier du Mans. Nombre d'entre eux reçoivent une éducation humaniste au collège de Coqueret.

En 1549, un **manifeste**, intitulé *Défense et illustration de la langue française*, signé par Du Bellay, exprime leur volonté de renouveler la poésie et la langue française. En effet, il ne s'agit plus pour les auteurs de résumer ou de traduire les œuvres de l'Antiquité grecque ou latine, mais il leur faut composer directement en français des œuvres tout aussi valables : c'est le sens de l'expression « illustrer la langue française ». On abandonne les genres anciens comme les rondeaux, les ballades, les chansons au profit de nouvelles formes, comme le sonnet. Du Bellay, en particulier, a su adapter au français cette forme empruntée à l'Italien Pétrarque, et promise à un bel avenir.

Pour « défendre la langue française », il convient de l'enrichir de nouveaux mots, grâce à un certain nombre de procédés : la fabrication de verbes à partir des noms (« seigneur » donne « seigneuriser ») ; la transformation des adjectifs en noms (« l'obscur », « le chaud ») ; l'invention de diminutifs (« perlette ») ; les emprunts au vocabulaire technique (le terme agricole « javelle », par exemple). Il faut également démarquer la langue poétique de la langue courante, grâce à l'emploi de figures de style telles que la comparaison, la métaphore, la périphrase, l'hyperbole. Le recours à la mythologie et aux comparaisons historiques contribue aussi à l'invention d'une nouvelle langue poétique.

Parmi les poètes de la Pléiade, deux figures émergent plus particulièrement : celles de Du Bellay et de Ronsard. La réussite sociale de Du Bellay est moindre que celle de son contemporain, mais pas la qualité de sa poésie. Son recueil le plus connu s'intitule *Les Regrets*, et date de son expérience de secrétaire à Rome auprès de son oncle, le cardinal Jean du Bellay. Il traduit dans ses vers la nostalgie de son Anjou natal, notamment dans « Heureux qui comme Ulysse », dont voici le début (orthographe modernisée par nos soins) :

> « Heureux qui, comme Ulysse, a fait un beau voyage,
> Ou comme celui-là qui conquit la toison*,
> Et puis est retourné, plein d'usage et raison,
> Vivre entre ses parents le reste de son âge !
>
> Quand reverrai-je, hélas, de mon petit village
> Fumer la cheminée, et en quelle saison,
> Reverrai-je le clos* de ma pauvre maison,
> Qui m'est une province et beaucoup davantage ? […] »

*Jason, qui conquit la Toison d'or avec les Argonautes.
*clos : jardin

Il décrit aussi sa vie quotidienne à Rome, les tracasseries administratives et les travers de la Cour pontificale dont il fait une satire caustique. Les courtisans savent l'art de « Seigneuriser chacun d'un baisement de main », et le poète dénonce leur hypocrisie dans le sonnet « Marcher d'un grave pas, et d'un grave sourci… »

Finalement, le recueil des *Regrets* prend la forme d'un journal personnel : Du Bellay est l'un des premiers à utiliser de cette manière l'écriture poétique, comme en témoignent ses propos dans le premier sonnet du recueil (orthographe modernisée par nos soins) :

> « Je me plains à mes vers, si j'ai quelque regret,
> Je me ris avec eux, je leur dis mon secret,
> Comme étant de mon cœur les plus sûrs secrétaires. […] »

Plus chanceux que Du Bellay, Ronsard connaît la gloire et la notoriété grâce à son statut de poète officiel de la Cour, auprès de Henri II d'abord, puis de Charles IX. Surnommé le « Prince des poètes », il doit sa célébrité à ses recueils amoureux qui chantent tour à tour les amours de Cassandre, puis de Marie et d'Hélène. Il reprend à son compte le motif épicurien du « Carpe diem », qui signifie « cueille le jour », c'est-à-dire « profite de l'instant présent ». Ses poèmes mêlent ainsi des considérations sombres sur la fuite du temps et un joyeux appel à la vie. On peut citer le célèbre poème « Mignonne, allons voir si la rose », ou encore « Quand vous serez bien vieille, au soir, à la chandelle », tiré des *Sonnets pour Hélène.* Après avoir brossé à Hélène un tableau bien noir de sa vieillesse à venir et de sa propre mort, Ronsard termine le sonnet par un vibrant appel à la vie pour convaincre la belle d'accepter son amour (orthographe modernisée par nos soins) :

> « Vivez, si m'en croyez, n'attendez à demain :
> Cueillez dès aujourd'hui les roses de la vie. »

L'engagement des poètes

La poésie du XVIe siècle reflète aussi la souffrance d'une époque déchirée par les guerres de religion. Les thèses de Luther ébranlent les consciences, et la Réforme divise l'Europe.

Les poètes de la Pléiade ont une haute opinion de leur rôle auprès des Grands de la Cour. Parce qu'il est inspiré par les Muses, le poète participe à un univers presque divin : il peut ainsi prodiguer conseils et avis au roi.

Ronsard ouvre son œuvre aux préoccupations politiques de son temps. Dans son *Discours des misères de ce temps* (1562), heurté par la violence des affrontements entre catholiques et protestants, et inquiet pour l'unité du pays, il prend parti contre les protestants de manière véhémente.

Si Ronsard défend la cause des catholiques, le poète Agrippa d'Aubigné, pour sa part, soutient celle des protestants. Dans *Les Tragiques*, il donne à voir un tableau réaliste et terrifiant de la France ravagée par les guerres civiles (« Misères »). Il dresse la liste des horreurs perpétrées par les catholiques, puis annonce le châtiment des coupables par la justice divine (« Vengeances »). Il imagine enfin le tribunal du jugement dernier où seront convoqués les criminels (« Jugement »). Il donne la parole aux éléments pour accuser ceux qui méritent une mort éternelle. Voici quelques vers de l'épilogue des *Tragiques* (orthographe modernisée par nos soins) :

> « […] L'air encore une fois contre eux se troublera,
> Justice au Juge saint, trouble, demandera*,
> Disant : « Pourquoi, tyrans et furieuses bêtes,
> M'empoisonnâtes-vous de charognes, de pestes,
> De corps de vos meurtris* ? » « Pourquoi, diront les eaux,
> Changeâtes-vous en sang l'argent de nos ruisseaux ? » […]

*comprendre : « l'air trouble demandera justice au juge saint, disant… ».
*vos meurtris : les gens que vous avez tués

La poésie du XVIIe et XVIIIe siècles

La poésie précieuse

Le mouvement baroque et la Préciosité

Bien qu'Henri IV ait mis fin aux guerres de religion à la fin du XVIe siècle, la première moitié du XVIIe siècle est une période politique instable. En effet, la monarchie tente de s'imposer en unifiant son pouvoir, mais les nobles résistent pour protéger les avantages du système féodal : c'est l'époque de la Fronde (1648-1653). Par ailleurs, les grandes découvertes du XVIe siècle relativisent la place de l'homme dans le monde : d'autres civilisations, d'autres religions existent. L'homme n'est plus le centre de l'univers.

Cette période troublée voit émerger un large mouvement artistique européen, touchant à la fois la peinture, la sculpture, l'architecture, la musique et la littérature : le baroque. Le mot « baroque » vient du portugais « barrocco », qui signifie « perle irrégulière ». L'irrégularité est donc l'une des caractéristiques essentielles de l'esthétique baroque, à laquelle s'ajoutent l'instabilité, la profusion et le mouvement. Les thématiques de l'illusion et de la métamorphose sont prépondérantes.

Le courant précieux est une sorte de prolongement du mouvement baroque. Il s'épanouit d'abord dans les salons mondains des femmes de l'aristocratie, comme celui de Madame de Rambouillet, que le poète Voiture fréquente avec assiduité. Dans ces salons, on prône le raffinement des mœurs et du langage. On apprécie l'élégance recherchée des œuvres littéraires qui y sont lues. L'art de la conversation est exercé avec virtuosité, et la relation amoureuse est au centre des discussions. Enfin, l'assistance prend plaisir à divers jeux littéraires et mondains, l'énigme ou le portrait par exemple.

Un genre privilégié : la Poésie

La poésie est le genre privilégié de la Préciosité. Mieux que toute autre, l'écriture poétique semble propre à exprimer en langage choisi les subtilités du sentiment amoureux. Les poètes précieux reprennent ainsi à leur compte la forme du sonnet, initiée par Pétrarque, et passent maîtres dans l'art de la pointe qui l'achève. Ils utilisent également le rondeau, qui fait alterner strophes et refrains, ou le madrigal, petit poème amoureux au ton léger. Ainsi *La Guirlande de Julie* est un recueil de madrigaux célébrant la beauté de Julie de Rambouillet, la fille de la célèbre marquise. Il est composé par les fidèles du salon en l'honneur de la fête de Julie. Chaque poème porte le titre d'une fleur qui symbolise les charmes de la jeune fille. Enfin, la poésie précieuse recourt aussi au blason, qui consiste à décrire avec raffinement une partie du corps féminin en la magnifiant.

Pour exprimer toutes les nuances du sentiment amoureux, les poètes précieux s'inspirent des auteurs baroques, et leur empruntent des figures de style telles que l'hyperbole, qui permet d'exalter la perfection de l'être aimé, l'antithèse, qui rapproche avec force des idées contraires, et surtout la métaphore et la périphrase, qui détournent le langage de son expression directe, jugée trop triviale par les Précieux.

On peut citer des poètes tels que Saint-Amant ou Tristan L'Hermite. Mais c'est surtout chez Vincent Voiture que la préciosité s'épanouit. Le sonnet de *La Belle Matineuse* rend hommage à la femme aimée, qui surpasse la splendeur du soleil, dans l'éblouissement de l'aurore. Les quatrains mettent notamment en valeur le goût immodéré du poète pour la périphrase :

> « Des portes du matin l'amante de Céphale*
> Ses roses épandait dans le milieu des airs,
> Et jetait sur les cieux nouvellement ouverts,
> Des traits d'or et d'azur qu'en naissant elle étale,
>
> Quand la Nymphe divine, à mon repos fatale,
> Apparut et brilla de tant d'attraits divers
> Qu'il semblait qu'elle seule éclairait l'univers
> Et remplissait de feux la rive orientale. »

*Céphale : l'Aurore

Outre l'éloge de la femme aimée, la poésie baroque exprime aussi une angoisse liée à la mort, notamment dans les poèmes de Théophile de Viau comme « La frayeur de la mort ébranle le plus ferme ». Des évocations macabres mettent en garde contre la fragilité de la vie humaine et rappellent combien le monde est instable, à l'instar des nombreuses vanités présentes dans la peinture à cette époque.

La poésie classique

L'avènement du classicisme

En réaction contre les excès du baroque, un autre mouvement émerge en France au cours du XVIIe siècle : le classicisme. Bien que les bornes du **classicisme** soient difficiles à fixer avec précision, on peut faire coïncider l'âge classique avec la monarchie absolue de Louis XIV (1661-1715). L'idéal classique de perfection et d'ordre correspond à un pouvoir politique stable et durable. L'Académie française, créée en 1634 par Richelieu, est l'institution garante de l'ordre et des règles classiques.

Résumés de cours

La poésie didactique

Les épanchements lyriques n'ont guère leur place dans la doctrine classique, qui prône la mesure et le respect des bienséances. « Le Moi est haïssable », dira Pascal. Au XVIIe siècle le « je » cède la place à l'étude de la nature humaine en général, ce que fera Molière dans son théâtre, et ce que fera le poète majeur du XVIIe siècle, La Fontaine.

En effet c'est le registre **didactique** qui s'impose avec les célèbres *Fables* de La Fontaine. La doctrine classique de l'**imitation** veut que l'on imite les Anciens pour les égaler ou pour les surpasser. La Fontaine s'inspire ainsi des fables de l'Antiquité, notamment de celles du grec Ésope (VIIe – VIe siècles av. J.-C.), ou de l'écrivain latin Phèdre (15 av. J.-C.-50 apr. J.-C.), mais c'est lui qui leur donnera leurs lettres de noblesse par son style inimitable. « Mon imitation n'est point un esclavage », proclame-t-il lui-même dans l'*Épître à Huet*. Ses *Fables* sont l'œuvre de toute une vie : près de trente ans séparent la première édition, qui date de 1668, de l'édition posthume de 1696 ; douze livres sont publiés.

Appartenant au genre de l'**apologue**, la fable séduit le lecteur par l'agrément de son récit et l'instruit par sa morale, ce qui correspond bien au mot d'ordre de l'esthétique classique, « instruire et plaire ». Voici comment La Fontaine définit la fable :

> « Une morale nue apporte de l'ennui.
> Le conte fait passer le précepte avec lui. »

La Fontaine donne de la vivacité au récit par la variété des procédés qu'il emploie. La variété des mètres (c'est-à-dire de la longueur des vers) évite toute monotonie, et permet de mettre en relief les vers plus courts par exemple. La variété des types de discours utilisés est elle aussi remarquable, et permet parfois de transformer le récit en une véritable petite saynète théâtrale : la fable

« Les Animaux malades de la peste » est un chef-d'œuvre du genre, puisque La Fontaine y fait alterner avec brio tous les types de discours : direct, indirect, indirect libre. Cette variété donne du rythme au récit, et permet des effets d'accélération qui donnent de l'allant à la narration.

Le choix des mots, dont aucun n'est laissé au hasard, permet de dire beaucoup en peu de vers : la puissance évocatrice du début de la fable « La Laitière et le Pot au lait », par exemple, permet au lecteur d'imaginer très vite le personnage principal et la situation :

« Perrette, sur sa tête ayant un pot au lait
Bien posé sur un coussinet,
Prétendait arriver sans encombre à la ville.
Légère et court vêtue, elle allait à grands pas,
Ayant mis ce jour-là, pour être plus agile,
Cotillon* simple et souliers plats. »

*cotillon : jupe de dessous, plus courte.

Pour graver la morale dans l'esprit de ses lecteurs, La Fontaine sait utiliser le rythme des vers, et notamment les ressources de l'alexandrin : son rythme binaire, avec la coupe à l'hémistiche, se prête bien à des formules frappantes comme des maximes :

« Selon que vous serez puissant ou misérable,
Les jugements de cour vous rendront blanc ou noir. »

La satire de la Cour est un des thèmes de prédilection de La Fontaine. Pour masquer sa critique politique, il utilise les animaux afin de se mettre à l'abri de la censure. On se souvient de sa propre formule : « Je me sers d'animaux pour instruire les hommes. »

Parfois, mais rarement, des propos plus directs interviennent, ne laissant aucun doute sur son jugement et son indignation. C'est le cas dans « Les Obsèques de la Lionne » :

« Je définis la cour un pays où les gens
Tristes, gais, prêts à tout, à tout indifférents,
Sont ce qu'il plaît au Prince, ou, s'ils ne peuvent l'être,
Tâchent au moins de le paraître :
Peuple caméléon, peuple singe du maître ;
On dirait qu'un esprit anime mille corps :
C'est bien là que les gens sont de simples ressorts. […] »

Outre la critique du pouvoir, les fables donnent à voir un tableau de la nature humaine sans concession. La Fontaine se plaît à épingler tous les petits travers humains, souvent avec humour, toujours avec lucidité. On peut songer à « La Grenouille qui veut se faire aussi grosse que le Bœuf », entre autres. Il dépeint la misère humaine, la souffrance dans « La Mort et le Bûcheron », l'oppression des peuples dans « Le Paysan du Danube ».

Mais l'auteur des fables ne verse pas pour autant dans un pessimisme noir. Il aspire à un art de vivre mêlé d'épicurisme et de stoïcisme. Il nous invite à profiter des joies simples de l'existence, comme le savetier insouciant de la fable intitulée « Le Savetier et le Financier ». Il faut aussi s'efforcer de maîtriser son destin, comme le loup qui choisit de vivre libre, dans « Le Loup et le Chien ». Rien ne sert de gémir contre la douleur et la mort : on doit tenter de les apprivoiser. Dans « Le Songe d'un Habitant du Mogol », La Fontaine exprime l'idéal d'une existence paisible et solitaire, loin de l'agitation du monde. Le ton change, le lyrisme affleure, les propos prennent un tour plus personnel, assez rare chez cet auteur :

« Solitude où je trouve une douceur secrète,
Lieux que j'aimai toujours, ne pourrai-je jamais,
Loin du monde et du bruit goûter l'ombre et le frais ? [...] »

Si La Fontaine sauvegarde certains aspects de la poésie lyrique, auxquels il faudrait rajouter l'évocation de la nature, la tradition lyrique disparaît totalement avec Nicolas Boileau, qui utilise seulement les vers pour exprimer ses idées sur le style et les genres littéraires, comme en témoigne son *Art poétique*. Peu à peu, le didactisme s'accentue, le rationnel prend le pas sur l'imagination et tue l'inspiration.

La poésie au Siècle des Lumières

Le XVIIIe siècle consacre le règne de la raison. Au Siècle des Lumières, la poésie est un genre en déclin. La volonté d'instruire et de démontrer l'emporte sur le désir de toucher et d'émouvoir. Les philosophes luttent contre l'obscurantisme, et participent à l'élaboration de l'*Encyclopédie*, sous l'égide de Diderot. Montesquieu, Voltaire et Rousseau apportent leur contribution à cette œuvre gigantesque.

Il faudra attendre la fin du XVIIIe siècle pour qu'à nouveau, le lyrisme poétique reprenne ses droits, et que le nom d'un poète émerge, celui d'André Chénier. Lui qui sera condamné à mort pour ses attaques contre les jacobins, évoque de manière pathétique la mort d'une jeune fille, dans « La jeune Tarentine », extrait de son recueil *Les Bucoliques* :

« Hélas ! chez ton amant tu n'es point ramenée.
Tu n'as point revêtu la robe d'hyménée*.
L'or autour de tes bras n'a point serré de nœuds.
Les doux parfums n'ont point coulé sur tes cheveux. »

*hyménée : mariage

Par ailleurs, la prose poétique de Rousseau illustre également ce retour au lyrisme. Dans *Les Rêveries du promeneur solitaire*, l'évocation de la nature et l'expression des sentiments personnels préfigurent déjà les grands thèmes de la poésie romantique à venir.

2. Parcours d'étude sur la poésie humaniste

La référence à la culture antique dans la poésie du XVIe siècle

Les auteurs du XVIe siècle sont pétris de culture antique. L'influence des auteurs de l'Antiquité se fait donc sentir dans toutes les œuvres du XVIe siècle. Pour leur part, les poètes de la Pléiade doivent leur formation au collège de Coqueret, où l'helléniste Jean Dorat les initie à la littérature grecque et latine. Leurs œuvres illustrent l'influence de Platon et de la mythologie antique.

La référence à Platon

Le néoplatonisme est un courant philosophique qui naît de la relecture des œuvres de Platon au IIIe siècle après Jésus-Christ. Il se propage au XVe siècle grâce aux traductions latines qu'en donne l'Italien Marsile Ficin. En France, il est connu dans le cercle du poète lyonnais Maurice Scève (1501-1564).

Selon Platon, l'âme, prisonnière du corps, est attirée vers le monde des Idées (le Beau, le Bon, le Bien), par une force appelée amour. Elle aspire à ce monde divin, parce qu'elle l'a jadis contemplée avant d'être incarnée. Elle s'efforce de parvenir à cet idéal en progressant par étapes, de l'amour humain à l'amour de Dieu.

Les poètes du XVIe siècle ne suivent pas exactement la démarche philosophique de Platon. Ils conservent les métaphores de l'amour du Bien, de Dieu, mais les appliquent au domaine de l'amour humain pour une Dame. Ils créent l'amour « platonique », c'est-à-dire un amour purement spirituel, qui refuse les plaisirs physiques, pour atteindre l'extase d'un amour idéal.

Par exemple, dans *L'Olive* (113, 1550), Du Bellay aspire à un absolu qui rappelle l'idéal platonicien, mais qui trouve son expression dans l'amour que le poète porte à sa dame, symbole de l'inaccessible perfection (orthographe modernisée par nos soins) :

> « [...] Que songes-tu, mon âme emprisonnée ?
> Pourquoi te plaît l'obscur de notre jour,
> Si pour voler en un plus clair séjour,
> Tu as au dos l'aile bien empennée* ?
>
> Là est le bien que tout esprit désire,
> Là le repos où tout le monde aspire,
> Là est l'amour, là le plaisir encore.
>
> Là, ô mon âme au plus haut ciel guidée,
> Tu y pourras reconnaître l'Idée
> De la beauté, qu'en ce monde j'adore. »

*empennée : pleine de plumes

Résumés de cours

Dans son recueil intitulé *Délie, objet de plus haute vertu* (1544), le poète lyonnais Maurice Scève fait lui aussi référence à Platon. « Délie » est le nom de la femme aimée, mais c'est aussi l'anagramme de « L'Idée » platonicienne.

Les références à la mythologie

Les références à la mythologie grecque ou latine sont nombreuses. Dans le recueil intitulé *Les Antiquités de Rome* (1558), par exemple, Du Bellay célèbre la grandeur de la Rome antique, qui contraste avec l'impression désastreuse que lui a laissée son séjour romain. Pour exalter la gloire passée de Rome, il s'inspire notamment d'un sonnet de Virgile qui comparait Rome à Cybèle, la Bérécynthienne, déesse de la fécondité. Il reprend cette comparaison dans le début du sixième sonnet (orthographe modernisée par nos soins) :

> « Telle que dans son char la Bérécynthienne
> Couronnée de tours*, et joyeuse d'avoir
> Enfanté tant de Dieux, telle se faisait voir,
> En ses jours plus heureux, cette ville ancienne, [...] »

*Cybèle était représentée avec une couronne de créneaux.

On pourrait multiplier les exemples d'emprunts à la mythologie. Dans *Les Regrets* (1558), le sonnet 31, « Heureux qui comme Ulysse », fait référence au héros de l'Odyssée, et à Jason, qui conduisit les Argonautes à la conquête de la Toison d'or, pour célébrer le bonheur du retour vers la patrie natale.

Comme la littérature, la peinture de la Renaissance puise également ses thèmes et ses personnages dans la mythologie antique. Vénus, Psyché, Diane, Tantale, Sisyphe sont des figures privilégiées par les peintres dans de nombreux tableaux. Parmi eux, citons *La Vénus d'Urbin*, du Titien (1538).

La rivalité avec les Anciens : les poètes de La Pléiade

Pour les auteurs de La Pléiade, les références à la Mythologie ne sont pas un pur exercice d'érudition, un simple ornement. Les emprunts aux mythes et à l'histoire antique doivent contribuer à nourrir la langue poétique, à l'enrichir, à la « défendre ». D'où le titre du manifeste de Du Bellay, *Défense et Illustration de la langue française.* S'il faut « défendre la langue française », il s'agit aussi de l'« illustrer » par des œuvres qui n'auront rien à envier à celles de l'Antiquité. En effet, la connaissance des textes anciens ne doit pas brider la création contemporaine. On ne se limite pas à traduire en français les modèles antiques. On les imite pour rivaliser avec eux et créer, en langue française, une littérature qui égalera ou surpassera la littérature de l'Antiquité.

Par exemple, dans le sonnet 30 des *Regrets*, Du Bellay s'inspire des *Géorgiques* de Virgile pour célébrer la croissance de Rome dans le passé. À la manière du poète latin, il peint un tableau rustique pour louer le travail fructueux des hommes : les champs sont prospères, et les récoltes abondantes. Cette peinture d'une nature généreuse et féconde contraste avec la déchéance de Rome évoquée à la fin du sonnet.

L'influence de Pétrarque

Nourrie de la tradition grecque et latine, la littérature italienne des XVᵉ et XVIᵉ siècles constitue un autre modèle pour les écrivains français du XVIᵉ siècle. Dans son *Canzoniere* (chansonnier), l'Italien Pétrarque (1304-1374) reprend la tradition élégiaque des auteurs latins comme Catulle, Properce ou Ovide. Mais il propose surtout un modèle de l'amour courtois : l'amant voue un culte presque religieux à sa Dame, symbole d'une perfection inaccessible, source à la fois de tourment et d'exaltation.

Dans son recueil de sonnets, Pétrarque raconte sa rencontre avec Laure, à Avignon, le 6 avril 1327. Laure est une femme mystérieuse sur laquelle il demeure discret, mais qui devient sa source d'inspiration. Dans ses sonnets, il exprime son amour pour elle sur un ton nouveau de mélancolie. Le poète est dans un état de tristesse dont il ne cherche pas à sortir. Il est malheureux parce que Laure ne répond pas à son désir, mais il se complaît dans ce malheur dont il tire un plaisir paradoxal.

Cette thématique a durablement marqué la poésie française, ainsi que la forme du sonnet, codifiée par Pétrarque. Dans *L'Olive* (1549-1550), Du Bellay chante l'amour d'une Dame qui se refuse. L'identité de cette mystérieuse Olive n'est pas confirmée. Il s'agit peut-être d'une demoiselle Viole, anagramme d'Olive, mais il peut s'agir aussi d'autres femmes de l'entourage du poète. Ce recueil est le premier recueil de sonnets écrit en français. Si des poètes comme Clément Marot et Maurice Scève s'étaient déjà essayé au genre, personne encore n'avait choisi le sonnet comme unité d'un recueil complet.

Après la parution de *L'Olive*, l'influence pétrarquiste gagne tous les poètes de la Pléiade. On peut citer Ronsard dans les *Amours de Cassandre* (1552). Dans le sonnet 76, il use d'une figure privilégiée par les poètes pétrarquisants, l'antithèse (orthographe modernisée par nos soins) :

> « Bienheureux soit mon tourment qui r'empire,
> Et le doux joug, sous qui je ne respire :
> Bienheureux soit mon penser soucieux,
>
> Bienheureux soit le doux souvenir d'elle,
> Et plus heureux le foudre de ses yeux,
> Qui cuit ma vie en un feu qui me gèle. »

On a pu reprocher à cette poésie pétrarquiste un excès de préciosité qui confine parfois au maniérisme, lorsque les souffrances de l'amour sont exprimées avec une subtilité alambiquée.

Peu à peu, les poètes de la Pléiade se détacheront de leur modèle italien. Dans un poème daté de 1553 intitulé « À une dame », Du Bellay remet lui-même en cause l'« art de pétrarquiser » (orthographe modernisée par nos soins) :

> « J'ai oublié l'art de pétrarquiser,
> Je veux d'amour franchement deviser,
> Sans vous flatter et sans me déguiser : [...] »

Il se moque du caractère artificiel du langage pétrarquiste :

> « Je ris souvent, voyant pleurer ces fous,
> Qui mille fois voudraient mourir pour vous,
> Si vous croyez de leur parler si doux
> Le parjure artifice : [...] »

Ronsard, pour sa part, reviendra également à plus de simplicité dans les *Amours de Marie* (1556). Son langage devient plus accessible.

L'influence de l'Histoire

Dans la deuxième partie du XVIe siècle, les guerres de religion entre catholiques et protestants déchirent la France. En 1572, le massacre de la Saint-Barthélemy devient le symbole de l'intolérance religieuse et de la barbarie.

La poésie se fait l'écho de cette période difficile. Les *Discours* de Ronsard et *Les Tragiques* d'Agrippa d'Aubigné témoignent de cette période sanglante. Ronsard défend la cause des Catholiques, d'Aubigné celle des Protestants. Les premiers vers des *Tragiques* affirment le renoncement au lyrisme amoureux au profit d'un art engagé dans l'Histoire de son temps (orthographe modernisée par nos soins) :

> « Je n'écris plus les feux d'un amour inconnu
> Mais, par l'affliction plus sage devenu,
> J'entreprends bien plus haut, car j'apprends à ma plume
> Un autre feu, auquel la France se consume. »

3. Prolongement artistique sur l'Humanisme

Deux œuvres picturales emblématiques de l'Humanisme

Étude du dessin de Léonard de Vinci, *Les Proportions du corps humain d'après Vitruve* (1492)

Vitruve est un architecte romain du 1er siècle avant Jésus-Christ.

Au XVIe siècle, de Vinci initie un nouveau système de mesure, qui s'écarte du modèle médiéval. Il s'agit de règles fixant des rapports de proportion idéale pour la figure et le corps. Ainsi par exemple, le nombril est le centre du corps, et le corps s'inscrit dans deux figures géométriques considérées comme parfaites dans l'Antiquité, le cercle et le carré.

Toutefois, Léonard de Vinci ne respecte pas avec une parfaite exactitude les règles de Vitruve. Il s'en inspire, mais se les réapproprie. Dans son dessin, le cercle et le carré ne se superposent pas : l'homme est dans deux positions différentes, et ce sont elles qui créent les figures géométriques du cercle et du carré. Le corps dégage une sensation de force et de puissance. La représentation des muscles est très réaliste. Les pieds et les mains sont au contact des lignes, ce qui assure à l'ensemble une impression d'équilibre et de stabilité.

Cette représentation de l'homme correspond à la nouvelle conception de l'homme au XVIe siècle : l'homme est au centre des préoccupations (et du cercle), il est saisi dans sa globalité. Sa dimension physique importe tout autant que sa dimension intellectuelle.

Étude de *L'École d'Athènes* (1510-1511), fresque de la chambre de la Signature (Vatican), exécutée par Raphaël

Voir exercice 2.

Poésie et musique au XVIe siècle

Le lien entre la poésie et la musique est manifeste dans le terme grec « mousiké » qui désigne tous les arts des « muses », sans distinction. De plus, l'origine étymologique du « lyrisme » inhérent à la poésie est le mot « lyra », c'est-à-dire l'instrument qui accompagne les paroles chantées. La lyre rappelle l'importance de la référence orphique. Elle est l'apanage du poète Orphée qui essaie par son chant de lutter contre la mort et l'oubli.

Un vocabulaire commun renforce encore l'association entre la musique et le verbe. Ainsi les « chants », les « ballades », les « madrigaux » ou les « chansons » sont aussi bien des formes musicales que des formes poétiques.

Au XVIe siècle, de nombreuses chansons sont composées sur des poèmes de Clément Marot, par le célèbre compositeur Janequin, entre autres.

Pour sa part, Ronsard accompagne souvent ses poèmes de partitions qui témoignent de son envie de les voir chantés. Il inspire donc particulièrement les musiciens. Citons les Français Guillaume Boni et Antoine Bertrand pour leur mise en musique des *Amours*.

La musique est également une thématique privilégiée par les poètes. Outre Ronsard, Louise Labé invoque le luth dans un de ses *Sonnets*, *XII*, « Luth, compagnon de ma calamité ». Les sons de l'instrument expriment à la fois la douleur et l'espoir. Lorsque la poétesse joue, l'harmonie musicale finit par représenter l'harmonie rêvée avec l'être aimé.

Mini questionnaire sur la poésie humaniste

(auto-correction : toutes les réponses sont dans le chapitre)

1. Quel est le but des auteurs de la Pléiade ?
2. Quel est le manifeste poétique qui exprime la pensée des poètes de la Pléiade ?
3. Quel poète italien a favorisé la diffusion du sonnet en France ?
4. Quel poète a publié le 1er recueil de sonnets français ? Quel est le titre de ce recueil ?
5. Quel exemple peut-on donner de l'influence de l'Antiquité dans les poèmes de la Pléiade ?
6. Quelle conception de la femme aimée les poètes de la Pléiade privilégient-ils ?
7. Les guerres de religion ne laissent pas les poètes indifférents. Citez au moins une œuvre qui y fait référence.
8. Quels aspects de l'humanisme sont représentés dans l'œuvre de Léonard de Vinci intitulée *Les Proportions du corps humain d'après Vitruve* (1492) ?
9. Pourquoi la musique est-elle liée à la poésie ?
10. Quel célèbre compositeur du XVIe siècle a mis en musique des poèmes de Clément Marot ?

Bibliographie sélective

La lecture cursive d'au moins un recueil ou d'une section de recueil est à intégrer dans le **carnet personnel de lectures et de formation culturelle de l'élève**.

Comment lire la poésie ?

La lecture de la poésie n'est pas linéaire, comme celle d'un roman ou d'une pièce de théâtre.

Il s'agit plutôt de glaner, çà et là, une parole qui va nous émouvoir, une image qui va nous faire rêver… On peut ainsi avoir plaisir à faire son propre florilège de citations.

Plutôt que de lire de bout en bout un recueil, il vaut mieux le feuilleter, le parcourir pour approcher peu à peu l'univers du poète. La lecture de larges extraits est tout à fait valable.

La lecture des œuvres poétiques du Moyen Âge et du XVIe siècle est difficile pour des lecteurs contemporains. Il est préférable d'utiliser des éditions qui présentent les textes dans une orthographe modernisée.

Moyen Âge

- *Le Lai du chèvrefeuille*, Marie de France (XIIe siècle)
- *Ballades et rondeaux*, Charles d'Orléans (XVe siècle)
- *Testament*, « Ballade des pendus », François Villon (XVe siècle)

XVIe siècle

- *L'Olive* (1549-1550), *Les Antiquités de Rome* (1558), *Les Regrets* (1558), Du Bellay
- *Les Amours* (1552), *Continuation des Amours* (1555), *Sonnets pour Hélène* (1578), Ronsard
- *Sonnets* (1555), Louise Labé

Quelques œuvres récentes, qui restituent l'atmosphère de la Renaissance italienne et la vie des grands peintres :

- *La Passion Lippi* (2004), *Le Rêve Botticelli* (2005), *L'Obsession Vinci* (2007), Sophie Chauveau
- *Parle-leur de batailles, de rois et d'éléphants* (Goncourt des lycéens 2010), Mathias Énard : Michel-Ange à Constantinople ; les affres du créateur et les émotions de l'homme…

XVIIe siècle

- « La Belle Matineuse », Voiture (1635)
- *Fables* (1668-1696, la dernière édition est posthume), La Fontaine
- *Art poétique* (1674), Boileau

XVIIIe siècle

- *Les Bucoliques* (1785-1787), recueil inachevé, Chénier
- *Rêveries du promeneur solitaire* (1776-1778), œuvre inachevée, Rousseau

Fiche mémento : les poèmes à formes fixes

Les poèmes à forme fixe dominent la poésie jusqu'au milieu du XIXe siècle.

Ils imposent au poète des contraintes strictes : type et nombre de strophes, type et nombre de vers, type de rimes…

Ballade : date du Moyen Âge ; construite sur trois strophes et demie : la demi-strophe finale, appelée envoi, sert à « envoyer » le poème à une haute personnalité. Jeu de trois ou quatre rimes pour l'ensemble du poème : chaque rime revient donc un nombre important de fois, ce qui nécessite une grande richesse de vocabulaire.

Rondeau : date du Moyen Âge ; poème court de 15 vers, qui ne fait intervenir que deux rimes.
Composé d'un quintil, d'un tercet, suivi de la moitié du premier vers du quintil en guise de refrain, et d'un second quintil, suivi du même refrain que le tercet. Cette forme demande une grande virtuosité technique au poète.

Sonnet : initié par Pétrarque, date du XVIe siècle en France ; forme très répandue jusqu'au XXe siècle.

Composé de deux quatrains et de deux tercets :

- Rimes abba/abba pour les quatrains
- Rimes ccd/ede ou ccd/eed pour les tercets.

Le décasyllabe est le type de vers d'abord utilisé, l'alexandrin s'imposera à la suite de Ronsard.

On note souvent une opposition entre les quatrains et les tercets.
La fin du poème s'appelle la pointe et joue sur l'effet de surprise.

Énoncés des exercices

** Exercice 1

Étude de la fable « La Grenouille qui veut se faire aussi grosse que le Bœuf » de La Fontaine (*Fables*, I, 1688)

Vous répondrez aux questions suivantes en vous appuyant sur des citations du texte :

1. Quel est le genre de ce texte ?
2. Quel est le registre de ce texte ?
3. Comment la Fontaine donne-t-il de la vivacité au récit ?
4. Que critique La Fontaine dans ce texte ?

« Une Grenouille vit un Bœuf
Qui lui sembla de belle taille.
Elle qui n'était pas grosse en tout comme un œuf,
Envieuse, s'étend, et s'enfle, et se travaille,
Pour égaler l'animal en grosseur,
Disant : « Regardez bien, ma sœur ;
Est-ce assez ? dites-moi ; n'y suis-je point encore ?
– Nenni. – M'y voici donc ? – Point du tout. – M'y voilà ?
– Vous n'en approchez point. » La chétive pécore*
S'enfla si bien qu'elle creva.
Le monde est plein de gens qui ne sont pas plus sages :
Tout bourgeois veut bâtir comme les grands seigneurs,
Tout petit prince a des ambassadeurs,
Tout marquis veut avoir des pages. »

*chétive : maigre, malingre
*pécore : idiote.

** Exercice 2

Questionnaire sur *L'École d'Athènes* (1510-1511), fresque de la chambre de la Signature (Vatican), exécutée par Raphaël

1. Quel est le sens du mot « école » dans le titre donné à la fresque ?
2. Comment justifiez-vous la référence à Athènes dans la fresque (décor, personnages : vêtements, occupations…) ?

3. Raphaël représente de grands personnages de l'Antiquité sous les traits d'artistes contemporains. Il veut ainsi faire de la Rome du XVIe siècle l'égale de la Grèce antique. Cette démarche rappelle celle d'un grand poète du XVIe siècle. Lequel et pourquoi ?
4. Quels éléments de l'éducation humaniste retrouve-t-on dans cette fresque ?
5. Au Moyen Âge, toutes les figures des peintres étaient plates et sans ombre. Au contraire, la fresque de Raphaël donne un effet de profondeur remarquable.

Comment appelle-t-on cette nouvelle technique qui a marqué la peinture de la Renaissance ?

Corrigés des exercices

Exercice 1

1. Il s'agit d'une fable. La fable appartient au genre de l'apologue. Un apologue est un récit (v. 1 à 10) qui a une visée argumentative (v. 11 à 14 : morale).
2. Le registre du texte est didactique. La fable apporte un enseignement au lecteur par le biais de la morale qui est au présent de vérité générale (v. 11 à 14 : « est », « sont, « veut », « a », « veut »).
3. La Fontaine donne de la vivacité au récit en insérant un bref dialogue au discours direct (v. 6 à 9). Les répliques entre les deux animaux sont très courtes. Les mots sont souvent monosyllabiques (« « Point du tout ». Le rythme de la conversation est rapide.

   Par ailleurs, le dénouement du récit est brutal et peut surprendre le lecteur. Au vers 10, l'emploi d'un vers plus bref, l'octosyllabe, mis en valeur par l'enjambement, évoque la soudaineté de la disparition de la grenouille. La rime interne « enfla » et « creva » accentue cet effet.
4. La Fontaine dénonce la vanité et la jalousie humaines (« Envieuse », « égaler »). On ne supporte pas d'être inférieur au voisin.

   La morale fait une analogie entre les animaux et les Hommes (« plein de gens qui ne sont pas plus sages »). Elle dénonce l'ambition sociale qui n'a pas de limites. Chacun veut occuper une position supérieure à la sienne, alors que la sagesse est de rester à sa place.

Exercice 2

1. Le terme « école » désigne un groupe d'écrivains ou d'artistes qui se réclament d'un même maître ou professent les mêmes doctrines.

2. Certains éléments du décor font référence à l'Antiquité, comme la frise grecque sur la voûte, ou les statues d'Athéna et d'Apollon dans les niches.

   Les vêtements des personnages sont grecs : ce sont des toges.

   Les personnages sont des savants de l'Antiquité grecque et représentent différentes disciplines : le philosophe Platon, au centre du tableau, pointe son doigt vers le ciel et parle à Aristote, vêtu d'une toge bleue ; le mathématicien Euclide dessine des figures géométriques ; l'astronome et géographe Ptolémée, de dos, porte le globe terrestre ; le philosophe Épicure, à droite, porte une couronne de pampres sur la tête ; Socrate est représenté chauve...

3. Pour faire de la Rome du XVIe siècle l'égale de la Grèce antique, Raphaël représente les grands personnages de l'Antiquité sous les traits de personnages contemporains, comme Platon sous les traits de Léonard de Vinci, par exemple, au centre du tableau.

   De même, dans *Défense et Illustration de la langue française*, Du Bellay veut faire des œuvres poétiques du XVIe siècle l'équivalent des œuvres de l'Antiquité. Il entraîne dans son sillage les poètes de la Pléiade.

4. La référence à l'Antiquité rappelle l'importance accordée aux auteurs antiques dans l'éducation humaniste. Dans la *Lettre de Gargantua à Pantagruel*, Rabelais insiste sur l'apprentissage des langues anciennes.

   Par ailleurs, l'éducation humaniste embrasse tous les domaines du savoir. Les disciplines représentées sont variées. Une grande place est accordée aux sciences (géométrie, astronomie) et à la philosophie. La dimension spirituelle est symbolisée par l'index de Platon pointé vers le ciel. On peut mettre en parallèle la dimension morale et religieuse de l'éducation proposée à Gargantua.

   Pour les humanistes, la formation du jugement est aussi essentielle que l'accumulation des connaissances. Montaigne insiste sur ce point dans les *Essais*. Les personnages de la fresque pratiquent l'art de la conversation. Le dialogue entre les maîtres et les disciples favorise la construction de la pensée et du savoir.

   Enfin le caractère harmonieux du tableau suggère le plaisir que doit procurer l'étude.

5. La fresque de Raphaël donne un effet de profondeur grâce à la succession des pièces en enfilade et à l'ouverture de l'espace sur le ciel à l'arrière-plan.

Les deux personnages mis en évidence (Platon et Aristote) ont entre eux le point de fuite*, centre du tableau. Les peintres de la Renaissance sont à l'origine d'une innovation majeure : la perspective. Le cadre de la fresque est délimité par la voûte, et les différents plans de la scène s'étagent principalement sur les marches de l'escalier.

*Point de fuite : sur la ligne d'horizon, le peintre établit un point vers lequel vont converger des lignes dites « de fuite ». Sur ces lignes de fuite, il installe les différents plans de la scène décrite à l'intérieur d'un cadre.

2 Le théâtre du XVIIe siècle au XXIe siècle

1. Le théâtre : rappels théoriques sur le texte théâtral

Texte et représentation

Le texte théâtral

Dans un texte théâtral, une partie du texte n'est pas destinée à être entendue lors de la représentation, mais donne des consignes pour la mise en scène ; distribution des rôles, décor, costumes, intonations, gestes des personnages… C'est ce qu'on appelle les **didascalies**.

L'autre partie du texte est destinée à être entendue lors de la représentation : il s'agit des paroles des personnages. C'est grâce à elles que le spectateur va faire connaissance avec les personnages : au théâtre, pas de narrateur pour le guider et lui décrire les protagonistes (c'est ainsi que l'on appelle les personnages de théâtre). Nous ne sommes pas dans un roman.

La parole des personnages

Les paroles des personnages se présentent sous différentes formes :

a. L'échange de **répliques** dans un dialogue est la forme la plus courante, et exprime bien le conflit qui oppose très souvent deux personnages (ou plusieurs) dans une scène théâtrale.

Dans le cas d'un affrontement plus systématique et plus marqué, le dialogue peut prendre la forme d'une **stichomythie** : il s'agit d'une opposition vers contre vers entre deux personnages.

Dans *Le Cid* de Corneille, la deuxième partie de la scène 4 de l'acte I, où s'affrontent verbalement Don Diègue et le Comte (le père de Rodrigue et celui de Chimène), en donne un bon exemple :

Le Comte
Ce que je méritais, vous l'avez emporté.

Don Diègue
Qui l'a gagné sur vous, l'avait mieux mérité.

Le Comte
Qui peut mieux l'exercer, en est bien le plus digne.

Don Diègue
En être refusé n'en est pas un bon signe.

Les répliques fusent, le ton monte jusqu'à ce que le comte gifle Don Diègue…

b. **La tirade** est une réplique longue, d'une vingtaine de lignes environ, qui a une unité : elle forme un tout cohérent.

On citera par exemple la célèbre tirade des nez, dans *Cyrano de Bergerac*, d'Edmond Rostand. En voici le début :

Cyrano
Ah ! Non ! C'est un peu court, jeune homme !
On pouvait dire… Oh ! Dieu !… bien des choses en somme…
En variant le ton, – par exemple, tenez :
Agressif : « Moi, monsieur, si j'avais un tel nez,
Il faudrait sur le champ que je me l'amputasse ! »
Amical : « Mais il doit tremper dans votre tasse !
Pour boire, faites-vous fabriquer un hanap ! »
Descriptif : « C'est un roc ! C'est un pic ! C'est un cap !
Que dis-je, c'est un cap ?… C'est une péninsule ! » […]

c. **Le monologue**, comme son nom l'indique, donne à entendre la tirade d'un personnage seul sur scène.

Il correspond toujours à un moment important de la pièce, où le personnage doit, par exemple, prendre une décision, et peser le pour et le contre : il s'agit alors d'un **monologue délibératif**, qui exprime le conflit intérieur et les hésitations d'un personnage.

Dans *Le Cid* de Corneille, les stances de Rodrigue, à la scène 6 de l'acte I, expriment bien le dilemme du personnage : doit-il venger son père au risque de perdre l'amour de Chimène, ou renoncer à cette vengeance au risque de perdre son honneur ? Voici le début de ce monologue délibératif :

Don Rodrigue
Percé jusques au fond du cœur
D'une atteinte imprévue aussi bien que mortelle,
Misérable vengeur d'une juste querelle
Et malheureux objet d'une injuste rigueur,

Je demeure immobile, et mon âme abattue
Cède au coup qui me tue.
Si près de voir mon feu récompensé,
Ô Dieu, l'étrange peine !
En cet affront mon père est l'offensé,
Et l'offenseur le père de Chimène. [...]

Si le monologue est un simple récit qui a pour but d'apporter des informations, on parlera de **monologue narratif**.

Ce type de monologue est notamment utilisé dans certaines scènes d'exposition de comédies, où le but est d'informer le spectateur ; voici par exemple le début du *Barbier de Séville* de Beaumarchais :

Scène première

Le Comte, *seul, en grand manteau brun et chapeau rabattu.*
Il tire sa montre en se promenant.
Le jour est moins avancé que je ne croyais. L'heure à laquelle elle a coutume de se montrer derrière sa jalousie est encore trop éloignée. N'importe ; il vaut mieux arriver trop tôt que de manquer l'instant de la voir. Si quelque aimable de la cour pouvait me deviner à cent lieues de Madrid, arrêté tous les matins sous les fenêtres d'une femme à qui je n'ai jamais parlé, il me prendrait pour un Espagnol du temps d'Isabelle. Pourquoi non ? Chacun court après le bonheur. Il est pour moi dans le cœur de Rosine. Mais quoi ! Suivre une femme à Séville, quand Madrid et la cour offrent de toutes parts des plaisirs si faciles ? Et c'est cela même que je fuis. Je suis las de conquêtes que l'intérêt, la convenance ou la vanité nous présentent sans cesse.
Il est si doux d'être aimé pour soi-même ; et si je pouvais m'assurer sous ce déguisement... Au diable l'importun !

d. Dans le cas d'un **aparté**, enfin, un personnage se parle à lui-même alors que d'autres personnages sont sur scène.

Dans le *Théâtre de chambre*, de Jean Tardieu, *Oswald et Zénaïde* (1951) offre une utilisation de l'aparté poussée à l'extrême : utilisé par les deux personnages de façon parallèle et symétrique, il remplace presque le dialogue en créant un effet parodique et comique. Le point de départ de cet exercice de style est une situation tout à fait conventionnelle puisqu'il s'agit de deux amoureux qui voient leurs projets de mariage contrariés par leurs familles respectives :

Zénaïde, *à part.*
Hélas, c'est lui, c'est bien Oswald ! (*Haut.*) Entrez, Oswald ! (*À part.*) Voilà bien ma chance ! Que pourrai-je lui dire ? Jamais je n'aurai le courage de lui apprendre la triste vérité !
Entre Oswald. Il reste un moment sur le seuil et contemple Zénaïde avec émotion.

Oswald, *haut.*
Vous, vous, Zénaïde ! (*À part.*) Que lui dire de plus ? Elle est si confiante, si insouciante ! Jamais je n'aurai la cruauté de lui avouer la grave décision qui vient d'être prise à son insu ! [...]

La double énonciation

Au théâtre la communication se situe à deux niveaux :

1. D'une part, les personnages parlent entre eux, sur la scène.
2. D'autre part, ils parlent aussi pour le public qui les écoute, dans la salle.

C'est ce que l'on appelle la **double énonciation**. Elle permet des effets de décalage entre ce que sait le public et ce que savent certains personnages de la pièce.

Un aparté, par exemple, va informer le spectateur, et parfois un personnage, alors que le ou les autres personnages sur scène ne sont pas mis au courant.

Le **quiproquo** fonctionne lui aussi grâce à la double énonciation et permet des effets comiques : le spectateur en sait plus que les personnages, il est le seul à comprendre qu'il y a un malentendu, que les personnages ne parlent pas de la même chose...

Ainsi, par exemple, dans *L'École des femmes* de Molière, dans la scène 5 de l'acte II, Agnès raconte avec naïveté à son tuteur Arnolphe toutes les caresses que lui a faites son prétendant Horace, et lui cause sans le vouloir une belle frayeur :

Arnolphe
Ne vous faisait-il point aussi quelques caresses ?

Agnès
Oh tant ! Il me prenait et les mains et les bras,
Et de me les baiser il n'était jamais las.

Arnolphe
Ne vous a-t-il point pris, Agnès, quelqu'autre chose ?
(*La voyant interdite*)
Ouf !

Agnès
Eh ! Il m'a...

Arnolphe
Quoi ?

Agnès
Pris...

Arnolphe
Euh ?

Agnès
Le…

Arnolphe
Plaît-il ?

Agnès
Je n'ose,
Et vous vous fâcheriez peut-être contre moi. […]

Arnolphe
[…] Non, non, non, non ! Diantre, que de mystère !
Qu'est-ce qu'il vous a pris ?

Agnès
Il…

Arnolphe, *à part,*
Je souffre en damné.

Agnès
Il m'a pris le ruban que vous m'aviez donné.
À vous dire le vrai, je n'ai pu m'en défendre.

Arnolphe, *reprenant haleine.*
Passe pour le ruban.

Les étapes de l'action

L'exposition

Le début d'une pièce de théâtre s'appelle l'exposition. Elle permet de donner aux spectateurs les repères nécessaires à la compréhension de la suite de la pièce : informations sur le lieu, les personnages, leur situation, le début de l'intrigue.

En général, la première scène, dite la **scène d'exposition** donne l'essentiel de ces informations. Mais l'exposition se poursuit très souvent dans la suite de l'acte I.

La scène d'exposition est difficile à réussir pour le **dramaturge** (l'auteur d'une pièce de théâtre), car il s'agit de renseigner le spectateur de la manière la plus naturelle possible : il ne faut pas donner l'impression que les personnages viennent seulement sur scène pour expliquer la situation au public.

Le procédé utilisé peut être par exemple un **début *in medias res***, où le spectateur a l'impression de prendre une dispute en cours de route : lors de cette dispute, les personnages vont s'expliquer et fournir des éléments précieux au public…

La scène d'exposition de *Tartuffe* de Molière est exemplaire à cet égard : la colère de Madame Pernelle va lui permettre de passer en revue chaque membre de la famille et de le présenter au spectateur, plongé d'emblée au sein de ce conflit familial. Voici un extrait de cette scène :

Damis
Mais…

Madame Pernelle
Vous êtes un sot en trois lettres mon fils ;
C'est moi qui vous le dis, qui suit votre grand-mère ;
Et j'ai prédit cent fois à mon fils, votre père,
Que vous preniez tout l'air d'un méchant garnement,
Et ne lui donneriez jamais que du tourment.

Mariane
Je crois…

Madame Pernelle
Mon Dieu, sa sœur, vous faites la discrette,
Et vous n'y touchez pas, tant vous semblez doucette ;
Mais il n'est, comme on dit, pire eau que l'eau qui dort,
Et vous menez sous chape un train que je hais fort.

Le nœud de l'intrigue

Pour dire que l'action se met en place, on dit au théâtre que l'action « se noue ».

Au centre de l'action se trouve une situation de crise ou de conflit qui se présente sous forme d'obstacles à la volonté du héros.

Le dénouement

Il s'agit de défaire le nœud de l'intrigue, de le « dénouer ».

Le dénouement apporte une solution à la crise, heureuse dans le cas de la comédie, catastrophique dans le cas d'une tragédie, plus mitigée parfois dans le théâtre contemporain.

Ajoutons que traditionnellement, une pièce de théâtre s'organise en scènes et en actes.

Une **scène** est délimitée par l'entrée en scène ou la sortie d'un personnage.

Un **acte** comprend un ensemble de scènes. Une pièce classique se déroule en cinq actes : l'acte I est l'acte d'exposition ; dans l'acte III, la crise atteint généralement son paroxysme (son plus haut point) ; et l'acte V est l'acte du dénouement.

Les registres

Les registres peuvent être très variés dans une pièce de théâtre. Deux d'entre eux sont particulièrement importants : le comique et le tragique.

Le registre comique

Il concerne surtout la comédie. On distingue traditionnellement :

Le comique de mots

Exemple : dans *Les Précieuses ridicules*, de Molière, lorsque l'une des Précieuses, Magdelon, s'adresse ainsi à son laquais Almanzor : « Vite, voiturez-nous ici les commodités de la conversation. » pour lui demander tout simplement d'apporter des fauteuils !

Le comique de gestes

Exemple : dans *En attendant Godot*, de Samuel Beckett, lorsqu'à la fin de la pièce, Vladimir et Estragon essaient de se pendre, dans une ultime tentative pour échapper à l'absurdité de leur attente et de leur existence :

> **Vladimir**
> Fais voir quand même. *(Estragon dénoue la corde qui maintient son pantalon. Celui-ci, beaucoup trop large, lui tombe autour des chevilles. Ils regardent la corde.)* À la rigueur, ça pourrait aller, mais est-elle solide ?
>
> **Estragon**
> On va voir. Tiens.
> *Ils prennent chacun un bout de la corde et tirent. La corde se casse. Ils manquent de tomber.*
>
> **Vladimir**
> Elle ne vaut rien.
> *Silence.*

Le comique de situation

Exemple : dans *L'École des Femmes*, de Molière, le jeune Horace, qui aime Agnès, fait du tuteur de la jeune fille, Arnolphe, son confident, alors qu'Arnolphe élève jalousement Agnès avec la ferme intention de l'épouser.

Le comique de caractère

Exemple : tous les « types » de personnages hérités de la Commedia dell'arte (comme Arlequin, valet balourd et bon vivant) ou créés par Molière en concentrant tous les défauts d'un caractère sur un même personnage : l'avare, le misanthrope…

Le comique de mœurs

Exemple : lorsqu'un auteur de comédie fait la satire (c'est-à-dire la critique) des mœurs (des usages, des habitudes) de son époque. Ainsi Marivaux, dans *L'Île des esclaves*, dénonce la cruauté des maîtres à l'égard de leurs valets.

S'ajoute également le **comique de répétition**, qui peut se superposer aux précédents (répétition de mots, de gestes…) :

Exemple : « Que diable allait-il faire dans cette galère ? », dans *Les Fourberies de Scapin*, de Molière.

Le registre tragique

Il concerne surtout la tragédie.

Une situation sans issue

Il se caractérise en premier lieu par une situation sans issue, qui conduit le plus souvent le héros à la mort : par exemple, dans *Antigone*, de Sophocle, pièce reprise par Anouilh au XXe siècle, l'héroïne, qui ne veut pas renoncer à enterrer son frère malgré l'interdiction du roi Créon, devra subir la sanction prévue pour ce délit : la peine de mort.

La fatalité

La fatalité est le deuxième élément caractéristique du registre tragique. Elle prend le visage de Dieux cruels dans l'Antiquité grecque. Ainsi par exemple, la déesse de l'amour, Vénus, s'acharne sur Phèdre, pour la punir des crimes de sa mère. Comme le dit si joliment Racine : « C'est Vénus toute entière à sa proie attachée ».

Le visage de la fatalité va évoluer avec l'histoire du théâtre. Au XXe siècle, dans le théâtre de l'absurde en particulier, il n'y a plus de dieux à qui s'opposer. Seuls le vide et le néant renvoient à l'homme une image désespérée de sa condition humaine. C'est le tragique d'une attente sans fin, puisqu'elle n'a plus d'objet. On songe évidemment à l'attente inutile des personnages dans la pièce de Beckett, *En attendant Godot*.

L'ambiguïté du héros tragique

La fatalité s'acharne contre le héros, mais ne l'écrase pas immédiatement, car le personnage ne serait alors plus un héros tragique, mais une simple victime. Pour que la situation reste tragique, il faut que le héros se débatte et exerce sa liberté contre une force qui le dépasse. C'est la lutte entre la liberté du héros et la fatalité qui alimente le tragique.

Pour reprendre l'exemple de Phèdre, elle est poursuivie par la haine de Vénus (fatalité), mais elle a également une part de responsabilité (liberté) dans la passion incestueuse qu'elle éprouve pour son beau-fils Hippolyte. Comme l'explique Racine dans sa *Préface*, elle n'est « ni tout à fait coupable, ni tout à fait innocente ».

Cette ambiguïté du héros tragique provoque une double réaction de la part du public, partagé entre la pitié et l'horreur que lui inspire la culpabilité du personnage. Le spectateur va donc d'abord s'identifier au personnage et plaindre ses malheurs ; puis il aura un mouvement de recul face à l'horreur du crime dont le héros est en partie responsable. C'est alors qu'intervient la **catharsis**, ou purgation des passions, définie par qu'Aristote, théoricien de l'Antiquité grecque. Le spectateur ressort comme purifié du théâtre, libéré de ses mauvais instincts et de ses passions les plus basses, qu'il a en quelque sorte vécues par procuration, par l'intermédiaire du héros tragique.

Les autres registres

Outre le comique et le tragique, de nombreux autres registres peuvent intervenir au théâtre.

On parle de **registre pathétique** quand le spectateur éprouve de la pitié pour le personnage.

Le **registre polémique** qualifie une scène où deux protagonistes confrontent leurs points de vue et opposent leurs idées.

Le **registre lyrique** peut également apparaître dans les tirades ou les monologues qui permettent aux personnages d'exprimer leurs états d'âme. On en trouve de nombreux exemples dans le théâtre romantique, notamment dans la pièce de Musset, *Lorenzaccio*. Dans la scène 3 de l'acte III, Lorenzaccio fait part de sa souffrance à Philippe, le chef de file des Républicains : la ville de Florence est alors gouvernée par un tyran, le duc Alexandre de Médicis. Lorenzaccio s'est promis de l'assassiner et a sacrifié sa vertu pour devenir le favori du duc, afin de mener à bien son entreprise.

> **Lorenzo**
> Tu me demandes pourquoi je tue Alexandre ? Veux-tu donc que je m'empoisonne, ou que je saute dans l'Arno ? Veux-tu donc que je sois un spectre, et qu'en frappant sur ce squelette (*il frappe sa poitrine*), il n'en sorte aucun son ? Si je suis l'ombre de moi-même, veux-tu donc que je m'arrache le seul fil qui rattache aujourd'hui mon cœur à quelques fibres de mon cœur d'autrefois ? Songes-tu que ce meurtre, c'est tout ce qui me reste de ma vertu ? Songes-tu que je glisse depuis deux ans sur un mur taillé à pic, et que ce meurtre est le seul brin d'herbe où j'ai pu cramponner mes ongles ? Crois-tu donc que je n'aie plus d'orgueil, parce que je n'ai plus de honte ? Et veux-tu que je laisse mourir en silence l'énigme de ma vie ? […]

Enfin, on peut considérer le **registre burlesque** comme une variante du registre comique : il ridiculise des choses graves et sérieuses. Dans *Ubu roi* d'Alfred Jarry, le personnage d'Ubu est une caricature du pouvoir, et pousse assez loin le ridicule. Dès les premiers mots de la pièce, le ton est donné :

Père Ubu
Merdre !

Mère Ubu
Oh ! Voilà du joli, Père Ubu, vous estes un fort grand voyou.

Père Ubu
Que ne vous assom'je, Mère Ubu !

Mère Ubu
Ce n'est pas moi, Père Ubu, c'est un autre qu'il faudrait assassiner.

Père Ubu
De par ma chandelle verte, je ne comprends pas.

Mère Ubu
Comment, Père Ubu, vous estes content de votre sort ?

Père Ubu
De par ma chandelle verte, merdre, madame, certes oui, je suis content. On le serait à moins : capitaine de dragons, officier de confiance du roi Venceslas, décoré de l'ordre de l'Aigle rouge de Pologne et ancien roi d'Aragon, que voulez-vous de mieux ?
[...]

Mère Ubu
Tu es si bête !

Père Ubu
De par ma chandelle verte, le roi Venceslas est encore bien vivant ; et même en admettant qu'il meure, n'a-t-il pas des légions d'enfants ?

Mère Ubu
Qui t'empêche de massacrer toute la famille et de te mettre à leur place ?

Père Ubu
Ah ! Mère Ubu, vous me faites injure et vous allez passer tout à l'heure par la casserole.

Mère Ubu
Eh ! Pauvre malheureux, si je passais par la casserole, qui te raccommoderait tes fonds de culotte ?

2. Histoire du genre, du XVIIe siècle au XXIe siècle

Le théâtre au XVIIe siècle

Le théâtre baroque

Il est important de mentionner les caractéristiques du mouvement **baroque** car c'est par opposition à ce mouvement que s'affirmera le classicisme.

Le mouvement baroque a moins d'influence en France que dans les autres pays européens comme l'Italie ou l'Espagne. Dans le premier tiers du XVIIe siècle, il est néanmoins représenté dans la littérature française par la poésie et le théâtre.

L'étymologie du mot (en portugais « barroco » signifie « perle irrégulière ») insiste sur la notion d'irrégularité. Dans le domaine du théâtre, cela veut dire que les règles qui deviendront celles du théâtre classique ne sont pas respectées.

Ainsi dans *Le Cid* (1637), que Corneille qualifie lui-même de « tragi-comédie », l'auteur se voit reprocher de ne pas respecter la règle de l'unité de temps : la durée de l'action excède les vingt-quatre heures autorisées, les péripéties sont trop nombreuses pour pouvoir vraisemblablement se dérouler en une seule journée. Par ailleurs, on accuse Corneille d'outrepasser la règle des bienséances, notamment lorsque Rodrigue pénètre dans les appartements de Chimène, et lui présente l'épée encore toute trempée du sang de son père pour lui demander la mort (acte III, scène 4).

Par ses irrégularités, le *Dom Juan* (1665) de Molière est une pièce qui relève elle aussi de l'esthétique baroque, bien qu'elle soit annoncée par son auteur comme une simple « comédie ». Le mélange des registres est inattendu. La continuité du registre comique est certes assurée par la présence de Sganarelle. Mais la gravité des défis lancés par Dom Juan contre la société, contre son père et contre Dieu donne une tonalité tragique à la pièce, que corrobore le dénouement avec la mort du héros. Par ailleurs, la présence de la statue du commandeur qui s'anime sous les yeux médusés de Sganarelle et du spectateur introduit le registre fantastique, peu orthodoxe.

Outre ses irrégularités formelles, le théâtre baroque exprime une vision particulière de l'homme et du monde. La mouvance du monde, la réversibilité des choses, l'instabilité, le changement sont les thèmes de prédilection des pièces baroques.

Corneille illustre bien cette conception du monde avec une pièce comme *L'Illusion comique* (1636). Il utilise le procédé du « théâtre dans le théâtre », ou **mise en abyme**, pour signifier la fragilité du destin des êtres. Le père de Clindor, Pridamant, grâce aux pouvoirs du mage Alcandre, peut suivre les aventures de son fils, dont il n'a plus de nouvelles. Il est inquiet de voir les revers de fortune que subit Clindor, et au moment où il le croit perdu, il comprend qu'il est en train d'assister sans le savoir à une pièce de théâtre jouée par son fils devenu comédien. Ainsi, la pièce tragique jouée au sein de la comédie donne l'image d'un monde où la situation des êtres et des choses est instable et peut basculer d'un moment à l'autre.

Dans le théâtre baroque espagnol, *La vie est un songe* (titre original : *La vida es sueño*) est une pièce écrite en 1635 par Pedro Calderón de la Barca. Sans aucun souci de vraisemblance, elle mêle l'illusion et la réalité, le jeu et le songe.

La prépondérance du classicisme

Bien que les bornes du **classicisme** soient difficiles à fixer avec précision, on peut faire coïncider l'âge classique avec la monarchie absolue de Louis XIV (1661-1715). L'idéal classique de perfection et d'ordre correspond à un pouvoir politique stable et durable. L'Académie française, créée en 1634 par Richelieu, est l'institution garante de l'ordre et des règles classiques.

Le terme utilisé d'abord est celui d'atticisme. C'est un idéal rhétorique qui provient de l'Antiquité, et qui préconise la brièveté et l'économie des moyens employés. On reconnaît l'idéal de sobriété cher aux auteurs classiques tels que Racine en particulier.

À la suite des auteurs du XVIe siècle qui remettent l'Antiquité à l'honneur durant la Renaissance, les auteurs classiques souhaitent être fidèles à l'idéal antique. La création passe par la **doctrine de l'imitation**. Il s'agit de traduire les auteurs grecs ou latins de l'Antiquité, de les imiter en étant le plus digne possible de leur style. Ainsi, pour écrire *L'Avare* (1668), Molière fera des emprunts à Plaute, auteur comique latin du IIIe/IIe siècles av. J.-C. Dans ses *Préfaces*, Racine se réclamera souvent de l'héritage latin ou grec. Dans la *Préface* de *Bérénice* (1670), par exemple, il fait référence au biographe latin Suétone (fin Ier siècle-début IIe siècle), auquel il emprunte l'argument de sa pièce : « Titus la renvoya de Rome, malgré lui et malgré elle. »

On peut considérer que l'*Art poétique* (1674) de Boileau est l'ouvrage qui définit les règles de l'esthétique classique, en particulier dans le domaine du théâtre. Le mélange des genres, souvent présent dans les œuvres baroques, ne correspond pas à l'ordre classique. Désormais, les genres de la comédie et de la tragédie obéissent respectivement à des codes clairement établis. Les audaces baroques cèdent la place à la rigueur des règles classiques.

Les règles du théâtre classique

Elles s'inspirent des règles édictées par Aristote dans l'Antiquité grecque.

La règle des trois unités

La **règle** la plus connue est celle des **trois unités** :

- Unité de lieu : l'action se déroule dans un seul lieu.
- Unité de temps : la durée de l'action de la pièce ne doit pas dépasser une journée.
- Unité d'action : une seule intrigue doit concentrer l'intérêt du spectateur et éviter l'éparpillement.

Racine, dans *Bérénice*, obéit parfaitement à cette triple exigence : toute l'action de la pièce se déroule à Rome, en une seule journée, et toute l'intrigue consiste à savoir comment Titus va annoncer à Bérénice la décision qu'il a prise. Il a choisi d'obéir à la loi romaine qui interdit à un empereur d'épouser une reine étrangère ; il doit donc renoncer à Bérénice, reine de Palestine, et la renvoyer, « malgré lui, malgré elle » (voir *Préface* de la pièce).

La vraisemblance et le respect des bienséances

À la règle des trois unités s'ajoute celle du respect de la **vraisemblance** et des **bienséances**. Autrement dit, rien, sur scène, ne doit choquer le spectateur :

- L'action doit être vraisemblable, c'est-à-dire, paraître vraie aux yeux du spectateur.
- Elle doit respecter les bienséances, c'est-à-dire ce qui est de bon ton dans la bonne société : la violence est bannie de la scène et les effusions de sang ne doivent pas blesser le regard des spectateurs.

C'est pour cette raison que les auteurs classiques préfèrent faire mourir leurs personnages par empoisonnement, comme Racine dans *Phèdre*, par exemple.

À la rigueur, le récit peut remplacer la vision d'un spectacle trop insoutenable : le combat contre les Maures, dans *Le Cid* de Corneille, n'est pas représenté sur la scène, mais seulement raconté par un personnage témoin, Rodrigue lui-même, dans la longue tirade de la scène 3 de l'acte IV :

> **Don Rodrigue**
> […] Sous moi donc cette troupe s'avance,
> Et porte sur le front une mâle assurance :
> Nous partîmes cinq cents, mais par un prompt renfort,
> Nous nous vîmes trois mille en arrivant au port,
> Tant à nous voir marcher en si bon équipage
> Les plus épouvantés reprenaient de courage.
> J'en cache les deux tiers, aussitôt qu'arrivés,
> Dans le fond des vaisseaux qui lors furent trouvés :
> Le reste, dont le nombre augmentait à toute heure,
> Brûlant d'impatience autour de moi demeure,
> Se couche contre terre, et sans faire aucun bruit,
> Passe une bonne part d'une si belle nuit.
> Par mon commandement la garde en fait de même,
> Et se tenant cachée, aide à mon stratagème,
> Et je feins hardiment d'avoir reçu de vous
> L'ordre qu'on me voit suivre et que je donne à tous.
> Cette obscure clarté qui tombe des étoiles
> Enfin avec le flux nous fit voir trente voiles ;
> L'onde s'enflait dessous, et d'un commun effort

Les Mores, et la mer entrèrent dans le port. [...]
Et la terre, et le fleuve, et leur flotte, et le port
Sont des champs de carnage où triomphe la mort. [...]

L'opposition entre la comédie et la tragédie

Traditionnellement, la **comédie** et la **tragédie** classiques s'opposent point par point sur un certain nombre d'éléments :

- L'origine sociale des personnages

  La comédie met en scène des bourgeois. La tragédie est le domaine des nobles, des rois et des reines.

- Le niveau de langue

  Familier et courant dans la comédie, le niveau de langue est plus soutenu dans la tragédie : le « ciel » devient l'« azur »... Le langage s'anoblit.

- Les thèmes abordés

  Le mariage, l'amour et l'argent sont au centre de l'intrigue dans la comédie.

  La tragédie aborde des thèmes plus graves, comme la passion ou le pouvoir : on pense à *Phèdre* ou à *Britannicus*, de Racine.

- Le dénouement

  Heureux dans la comédie, il rassemble en principe tous les personnages de la pièce pour d'ultimes réjouissances.

  À l'inverse, le dénouement de la tragédie est malheureux et la mort est souvent la seule issue possible.

- La fonction de la pièce

  Selon la formule latine « castigat ridendo mores », la comédie « corrige les mœurs par le rire ». La comédie est plaisante, mais elle instruit également le public en faisant la satire des mœurs de son époque.

  Molière nous en donne de nombreux exemples. On peut citer *Le Bourgeois gentilhomme, Les Précieuses ridicules*, *Le Misanthrope*.

  La tragédie donne à voir un héros qui dépasse ses limites dans son combat contre les Dieux ou la fatalité. Elle est le domaine du **sublime**, elle invite à aller au-delà des limites humaines. Le théâtre de Corneille en est une bonne illustration ; Dans *Cinna*, la clémence de l'empereur Auguste, à la fin de la pièce, est exemplaire. Il pardonne au traître Cinna qui a failli l'assassiner. Peut-on pousser plus loin les limites de la générosité humaine ? Voici un extrait de la scène 3 de l'acte V :

Auguste [...]
Je suis maître de moi comme de l'univers :
Je le suis, je veux l'être. Ô siècles, ô mémoire,
Conservez à jamais ma dernière victoire !
Je triomphe aujourd'hui du plus juste courroux
De qui le souvenir puisse aller jusqu'à vous.
Soyons amis, Cinna, c'est moi qui t'en convie :
Comme à mon ennemi je t'ai donné la vie,
Et malgré la fureur de ton lâche destin,
Je te la donne encore comme à mon assassin. » [...]

Une hiérarchie très stricte

Au XVIIe siècle, les genres théâtraux observent une hiérarchie très stricte. La tragédie est considérée comme le genre le plus noble.

De la même manière, la salle de spectacle reflète elle aussi une hiérarchie sociale très marquée. Le « **théâtre à l'italienne** » place les spectateurs en fonction de leur position sociale. Les plus riches ont les places d'honneur. Les plus pauvres sont les plus mal lotis, parfois relégués tout en haut du théâtre, appelé « poulailler », ou « paradis », d'où ils voient à peine la scène. À Lyon, le Théâtre des Célestins est le modèle de ce type de théâtre.

Le théâtre des Lumières

Le XVIIIe siècle est appelé le Siècle des Lumières, où brillent de grands philosophes comme Montesquieu, Voltaire, Diderot et Rousseau. Ces auteurs essaient de réfléchir sur les fondements de la société et remettent fréquemment en cause les institutions politiques et religieuses de leur temps.

L'esprit des Lumières souffle également sur le théâtre. Si la critique de la société ne remet pas en cause l'ordre établi dans les pièces de Marivaux, elle devient plus radicale chez Beaumarchais, qui trouve en Figaro un porte-parole efficace pour défendre des valeurs de justice et de liberté.

Le théâtre de Marivaux

Les influences du théâtre italien

Face à de nombreux rivaux, notamment les comédiens du Théâtre-Français, Marivaux parvient à s'imposer grâce aux apports du Théâtre italien. D'ailleurs, il devient vite l'auteur attitré de la troupe des Comédiens-Italiens. Il emprunte à ce théâtre, non seulement certains personnages traditionnels de la **Commedia dell'arte**, comme Arlequin, mais aussi l'extrême vivacité du jeu des acteurs, beaucoup moins figé que celui des comédiens français. En effet, la tradition théâtrale française est verbale, et repose sur un texte écrit et joué, souvent déclamé avec outrance et peu de naturel à cette époque. Rien de tel dans le théâtre italien, qui repose avant tout sur le jeu des comédiens. Aucun texte n'est écrit au préalable, les acteurs ont connaissance de l'intrigue de la pièce sous la forme d'un vague canevas à partir duquel ils improvisent. Leur jeu est d'autant plus expressif que les visages sont masqués, et que le corps doit donc exprimer les différentes émotions. Ces jeux de scène des comédiens se nomment des *lazzi*, et les facéties d'Arlequin dans *Le Jeu de l'amour et du hasard* (1730) en sont l'écho atténué.

Car Marivaux s'inspire beaucoup du théâtre italien, mais sait faire siens ses emprunts. Au fur et à mesure de ses pièces, par exemple, Arlequin perd son aspect burlesque pour devenir plus « policé ».

En outre, Marivaux fait passer la vivacité du jeu italien dans son langage : les mots semblent rebondir d'une réplique à une autre, les échanges entre les personnages n'ont plus rien de compassé, et prennent le tour naturel d'une conversation un peu vive. Ainsi, la scène d'exposition du *Jeu de l'amour et du hasard* présente une discussion très animée entre Silvia et Lisette, sa servante, au sujet du mariage. À l'origine, Marivaux avait écrit le rôle de Silvia pour une comédienne italienne particulièrement enjouée, ce qui devait accentuer encore le caractère enlevé de la scène.

La surprise de l'amour

La majeure partie du théâtre de Marivaux est consacrée à l'exploration du sentiment amoureux : on assiste à la naissance de l'amour, aux doutes et aux hésitations qu'il engendre, avant de le voir triompher. Le terme de marivaudage s'est naturellement imposé pour désigner ces intermittences du cœur et le langage subtil qui les exprime. Le plus souvent, l'amour peine à s'affirmer, car il interfère avec les conventions sociales qui ne lui sont pas toujours favorables. Ainsi, dans *Le Jeu de l'amour et du hasard*, Silvia doit lutter contre son amour-propre pour reconnaître qu'elle est amoureuse de Dorante car elle le prend pour un valet. Heureusement pour elle, à la fin de la pièce, les masques tombent, Dorante lui révèle son statut de maître, et, soulagée, elle peut laisser libre cours à ses sentiments. L'échange des rôles entre les valets et les maîtres n'aura duré que le temps de la pièce, pour permettre aux maîtres de mettre leur amour à l'épreuve, avant de s'engager pour la vie.

L'expérience achevée, maîtres et valets reprennent leurs places respectives.

Un théâtre « moral »

Le terme moral est à comprendre dans son sens classique de « qui concerne les mœurs ».

En effet la portée du théâtre de Marivaux n'est ni sociale, ni politique. Il ne remet absolument pas en cause l'ordre établi. Même dans les pièces où il présente aux spectateurs des utopies que l'on pourrait croire plus audacieuses sur le plan politique ou social, il ne remet pas en question la hiérarchie de la société de son temps. Dans *L'Île des esclaves*, notamment, il imagine une île où les esclaves prennent la place des maîtres, et vice versa. Mais sa critique s'inscrit sur un plan moral, au sens où elle s'attaque aux mœurs, en l'occurrence au comportement des maîtres à l'égard de leurs valets. Marivaux dénonce leur cruauté et les traitements inhumains qu'ils font subir à leurs serviteurs. Quel meilleur moyen, pour le leur faire comprendre, que de leur infliger à leur tour les mêmes humiliations ? À la fin de la pièce, la leçon a porté ses fruits, les maîtres repentants promettent de se montrer plus humains à l'avenir. Ils retrouvent leur statut de maîtres et les valets se remettent à leur service. *L'Île des esclaves* n'a donc pas de visée sociale ou politique : nulle contestation de l'ordre social n'est encore portée sur la scène.

Le théâtre de Beaumarchais

Avec Beaumarchais, la donne change. Les idées des Lumières gagnent du terrain et pour la première fois, un valet va être propulsé sur le devant de la scène : il s'agit de Figaro. C'est un personnage qui a le verbe haut et l'esprit bien aiguisé. Il n'hésite pas à remettre en cause les privilèges de la naissance et ose déclarer au comte Almaviva, dans son long monologue de la scène 3 de l'acte V, dans *Le Mariage de Figaro* (1784) : « Qu'avez-vous fait pour tant de biens ? vous vous êtes donné la peine de naître, et rien de plus ! » Dans *Le Barbier de Séville* (1775), il décrétait déjà : « Aux vertus qu'on exige dans un domestique, votre Excellence connaît-elle beaucoup de maîtres qui fussent dignes d'être valets ? »

Le ton est donné. Cette fois, le théâtre remet bien en question la hiérarchie sociale et défend des valeurs qui vont devenir les idéaux de la Révolution en marche : la liberté, l'égalité. Dans *Le Mariage de Figaro*, la justice est également mise en cause à travers un procès parodique, où les gens de robe sont ridiculisés par le jargon creux et prétentieux qu'ils emploient.

Le personnage de Figaro dénonce donc les privilèges de la naissance, l'arbitraire de la justice, l'orgueil des grands. Cela vaudra à Beaumarchais de sérieux ennuis avec la censure. La comédie du *Barbier de Séville* sera interdite pendant un an. La première représentation du *Mariage de Figaro* ne pourra, elle, avoir lieu qu'après six ans d'interdiction. Ressentie comme un défi par l'autorité royale, la pièce coûtera un nouveau séjour en prison à son auteur, avant que son talent ne soit définitivement reconnu, y compris par Louis XVI en personne.

Malmené par la censure, Beaumarchais est récompensé par son public : la première représentation du *Mariage de Figaro*, le 27 avril 1784, connaît un triomphe sans précédent. La pièce séduit par la vivacité de ses personnages, et le rythme effréné où les scènes se succèdent : le sous-titre du *Mariage de Figaro*, *La Folle journée*, est à cet égard tout à fait significatif. C'est sans aucun doute cet enjouement qui a pu séduire Mozart pour son opéra *Les Noces de Figaro* (1786), écrit sur le livret de Da Ponte, lui-même inspiré de la pièce de Beaumarchais.

Le théâtre romantique

Le rejet de la tradition classique

Le XIXe siècle veut rompre avec la tradition classique et le théâtre ne fait pas exception à la règle puisqu'il va rejeter les formes très codifiées de l'époque classique telles que la tragédie ou la comédie. Une nouvelle forme va s'imposer, plus souple : le **drame romantique**. Dans la *Préface de Cromwell* (1827), Victor Hugo jette les bases de ce nouveau genre. Il s'agit de faire un théâtre aussi divers et varié que la vie elle-même. Loin de séparer les registres, le drame romantique s'attachera au contraire à mêler le comique et le tragique, sans souci artificiel de classification, pour mieux imiter la réalité de la vie. Ainsi, dans *Lorenzaccio* d'Alfred de Musset (1834), le spectateur assiste à des scènes de rue, dans la Florence de la Renaissance, où les personnages s'interpellent dans un langage familier et populaire. D'autres scènes font place aux envolées lyriques et poétiques de Lorenzo, désespéré par la noirceur du monde qui l'entoure et par sa propre turpitude. Les registres varient sans cesse, les niveaux de langue aussi.

D'autre part, outre la classification traditionnelle des genres, le théâtre romantique refuse également la rigidité de la versification classique. Dans le recueil poétique des *Contemplations* (1856), Victor Hugo proclame : « J'ai disloqué ce grand niais d'alexandrin. »

Le premier vers de sa pièce *Hernani* (1830) en est un bon exemple. Dona Josefa guette les coups que doit frapper à la porte secrète un soupirant attendu par sa maîtresse :

> **Dona Josefa**
> Serait-ce déjà lui ? C'est bien à l'escalier
> Dérobé. [...]

Cette ouverture n'a pas manqué de choquer les esprits lors de la première de la pièce. La « bataille d'Hernani » est ainsi devenue le symbole des audaces de la jeune génération face aux conservatismes de tout bord.

Un théâtre engagé

La révolution des formes et du langage va de pair avec la révolution des esprits. Les écrivains romantiques ne s'enferment pas dans leur tour d'ivoire, mais s'engagent dans la vie politique de leur temps. La vie de Victor Hugo est exemplaire à cet égard : en tant que député, il a lutté pour imposer son idéal républicain, et ses convictions lui ont valu l'exil durant le Second Empire.

Le théâtre romantique a une portée sociale et politique incontestable. Dans *Ruy Blas* de Victor Hugo (1838), on se souvient de la longue tirade du personnage éponyme contre les Grands d'Espagne qui ruinent le royaume à leur profit. En voici le début, dans la scène 2 de l'acte III :

> **Ruy Blas**, *survenant.*
> Bon appétit, messieurs !
>
> *Tous se retournent. Silence de surprise et d'inquiétude. Ruy Blas se couvre, croise les bras, et poursuit en les regardant en face.*
>
> Ô ministre intègres !
> Conseillers vertueux ! Voilà votre façon
> De servir, serviteurs qui pillez la maison ! [...]

Dans *Lorenzaccio*, Musset fustige également les puissants qui se vautrent dans le luxe et le vice, comme le duc Alexandre de Médicis. Il pose en outre la question de la lâcheté politique, puisque malgré l'assassinat du duc par Lorenzo, les Républicains n'ont pas le courage de s'imposer : la pièce s'achève sur l'intronisation d'un nouveau duc, qui voue Florence à un éternel recommencement politique. Le double sacrifice de Lorenzaccio a donc été inutile : c'est en vain qu'il a renoncé à la vertu et perdu la vie.

Le théâtre du XXe siècle

Au XXe siècle, le théâtre s'affranchit de toute règle à l'instar d'autres genres tels que le roman ou la poésie. Chaque auteur impose ses propres exigences, comme en témoigne la longueur croissante des didascalies. La liberté des dramaturges permet ainsi à une grande diversité d'œuvres d'éclore.

L'inspiration mythologique

Dans la première partie du XXe siècle, beaucoup d'auteurs s'inspirent du théâtre de l'Antiquité grecque pour l'adapter à l'époque contemporaine.

Ces dramaturges empruntent d'abord au théâtre antique certains personnages, comme le Prologue qui introduit la pièce, ou le Chœur, personnage collectif qui commente l'action en chantant et en dansant. Ainsi, au début d'*Antigone* d'Anouilh (1944), le prologue présente la pièce aux spectateurs. Au début de *La Machine infernale* de Cocteau (1934), la Voix remplit la même fonction. Par ailleurs, au milieu de la pièce d'Anouilh, le Chœur intervient pour définir l'essence même de la tragédie :

> « [...]. Et puis, surtout, c'est reposant, la tragédie, parce qu'on sait qu'il n'y a plus d'espoir, le sale d'espoir ; qu'on est pris, qu'on est enfin pris comme un rat, avec tout le ciel sur son dos, et qu'on n'a plus qu'à crier, – pas à gémir, non, pas à se plaindre, – à gueuler à pleine voix ce qu'on avait à dire, qu'on n'avait jamais dit et qu'on ne savait peut-être même pas encore. Et pour rien : pour se le dire à soi, pour l'apprendre, soi. Dans le drame, on se débat parce qu'on espère en sortir. C'est ignoble, c'est utilitaire. Là, c'est gratuit. C'est pour les rois. Et il n'y a plus rien à tenter, enfin ! »

Dans *Électre* de Giraudoux (1937), le *lamento* du Jardinier se fait lui aussi l'écho du Chœur antique pour commenter le déroulement de la pièce, et donner également une définition de la Tragédie :

> « C'est cela que c'est, la Tragédie, avec ses incestes, ses parricides : de la pureté, c'est-à-dire en somme de l'innocence. Je ne sais si vous êtes comme moi ; mais moi, dans la Tragédie, la pharaonne qui se suicide me dit espoir, le maréchal qui trahit me dit foi, le duc qui assassine me dit tendresse. C'est une entreprise d'amour, la cruauté... pardon je veux dire la Tragédie. »

Outre ces éléments dramaturgiques empruntés au théâtre antique, les auteurs reprennent les grandes histoires de la Mythologie grecque ou latine, comme le cycle des Atrides, par exemple. Dans *La Machine infernale*, Cocteau retrace l'histoire d'Œdipe, en modifiant quelque peu l'épisode de la résolution de l'énigme du Sphinx. Dans *Électre*, Giraudoux fait revivre la vengeance de la mort d'Agamemnon par ses enfants, Oreste et Électre.

Mais dans ces pièces modernes, le registre utilisé n'est plus le même que dans les tragédies antiques. Le registre burlesque introduit très souvent un langage plus familier et plus accessible au public. Dans *La Machine infernale*, l'entrée en scène de la reine Jocaste est irrésistible, Tirésias se voit affublé du surnom ridicule de « zizi ». Cette note comique soulage la tension tragique et rend les personnages plus proches du spectateur. Les anachronismes utilisés par Anouilh dans *Antigone* ont également pour fonction de rapprocher le public de l'histoire. On peut songer aux soldats qui jouent tranquillement aux cartes d'un bout à l'autre de la pièce. Le Chœur commente, avec un niveau de langue devenu bien familier :

> « Il ne reste plus que les gardes. Eux, tout ça, cela leur est égal ; c'est pas leurs oignons. Ils continuent à jouer aux cartes... »

De même que le registre change, la portée de l'histoire devient autre. Pour intéresser le public contemporain, les mythes de l'Antiquité doivent être réinterprétés par rapport à l'actualité.

Dans *La guerre de Troie n'aura pas lieu* (1935), Giraudoux joue avec la curiosité du spectateur. Par le titre, il annonce à la fois la reprise d'un épisode célèbre de l'Antiquité et sa volonté d'en faire autre chose. Il essaie d'imaginer une issue différente à la querelle entre les Grecs et les Troyens qui a pour point de départ l'enlèvement de la belle Hélène. Il veut surtout inviter le public contemporain à réfléchir sur le problème de la guerre : en 1935, le souvenir des horreurs de 1914-1918 hante encore les consciences, les tensions diplomatiques entre la France et l'Allemagne laissent craindre un nouveau conflit entre les deux états.

En 1944, *Antigone* d'Anouilh reflète les préoccupations des Français dans un pays occupé. Le personnage éponyme de la pièce devient le chantre de la Résistance et s'oppose à toute forme de collaboration.

Parfois, l'auteur réinvente le mythe en fonction des idées qu'il veut faire passer au spectateur. Dans *Les Mouches* (1943), Jean-Paul Sartre reprend l'histoire d'Oreste et la modifie pour illustrer les principes de l'existentialisme : chacun est libre d'infléchir son destin par son action. Ainsi, Oreste a tué Égisthe et Clytemnestre, mais il assume totalement son acte : selon lui, c'était le seul moyen de sauver Argos. Pour la première fois depuis Sophocle, le personnage n'éprouve aucun remords de son geste criminel. Il revendique sa liberté et refuse de se soumettre à la volonté des Dieux.

La référence à l'Antiquité est donc une source d'inspiration pour le dramaturge et n'entrave en rien sa liberté de création.

Le théâtre engagé

Le théâtre engagé de Sartre et de Camus propose au spectateur la vision d'un monde où l'homme peut exercer sa liberté d'action. *Les Mains sales* de Sartre (1948) et *Les Justes* de Camus (1949) sont deux pièces qui militent en faveur de la nécessité de l'action.

A contrario, dans *Huis clos* (1944), Sartre nous montre métaphoriquement ce que l'on risque de devenir si l'on n'exerce plus sa liberté. Les personnages de la pièce, retenus en enfer, sont privés de toute initiative. Incapables d'assumer leurs actes passés, ils sont prisonniers du regard des autres, ce qui les fige et les empêche d'agir. C'est le sens de la fameuse phrase de la pièce, « L'enfer, c'est les autres », souvent mal interprétée. Sartre ne veut pas dire que nos relations avec autrui sont toujours catastrophiques, mais il veut montrer que le jugement des autres risque de nous paralyser comme si nous étions morts avant l'heure, en nous empêchant d'être nous-mêmes.

Le nouveau théâtre : Ionesco, Beckett, Genet

Dans *Le Théâtre et son double* (1938), Antonin Arnaud propose certaines orientations qui vont marquer profondément les pièces de Ionesco, Beckett et Genet. Remettant en cause la suprématie du dialogue traditionnel, il veut inventer un théâtre libéré de la parole, qui donnerait la primauté à la musique, à la danse et à la pantomime. Ce « théâtre de la cruauté » se propose de mettre à nu la violence des pulsions et des désirs que recèle tout être humain.

Le théâtre de l'absurde : Ionesco et Beckett

Dans les années cinquante, le théâtre se fait lui aussi l'écho des traumatismes qui ont ébranlé les consciences, notamment durant la Seconde Guerre mondiale. Le monde semble avoir perdu toute cohérence et ce sentiment de l'absurde apparaît dans les pièces de Ionesco ou de Beckett.

Ionesco met en évidence l'absurdité du langage. On se souvient du point de départ de l'écriture de *La Cantatrice chauve* (1950) : la méthode Assimil. Les phrases toutes faites paraissent dénuées de sens, tant ce qu'elles énoncent est évident : « il y a sept jours dans la semaine », « le plafond est en haut et le plancher est en bas »… Les paroles échangées entre les personnages sont dans la même veine. S'ensuit un dialogue théâtral sans queue ni tête, qui invite le spectateur à réfléchir sur la fonction du langage. Quelle est sa valeur s'il ne sert plus à communiquer ?

Dans *Rhinocéros* (1959), l'intervention du logicien pose la même question. Ce professionnel de la logique détourne de façon magistrale le raisonnement du syllogisme canonique :

> « Tous les hommes sont mortels,
> Or Socrate est un homme,
> Donc Socrate est mortel. »
>
> Il finit par proférer des absurdités énormes :
>
> **Le Logicien**, *au Vieux Monsieur* :
> Voici donc un syllogisme exemplaire. Le chat a quatre pattes ; Isidore et Fricot ont chacun quatre pattes. Donc Isidore et Fricot sont chats.
>
> **Le Vieux Monsieur**, *au Logicien* :
> Mon chien aussi a quatre pattes.
>
> **Le Logicien**, *au Vieux Monsieur* :
> Alors, c'est un chat.

Le langage est perverti par une fausse logique qui masque le vide de la pensée. De la même façon, le dogmatisme de Jean est dangereux. Il assène des formules toutes faites à son ami Bérenger qui est en proie à un profond mal-être. Il énonce des stéréotypes moralistes qui n'apportent aucun réconfort. Quand le langage dissimule ainsi la pauvreté ou l'absence de pensée, la voie est ouverte à tous les conformismes, et même les idéologies les plus dangereuses comme le nazisme n'auront aucun mal à se frayer un chemin. C'est le sens symbolique de cette « rhinocérite » qui affecte progressivement les habitants de la ville. Tous se transforment en rhinocéros, et bien peu sont capables de résister à cet avilissement qui les rend identiques, et leur fait perdre leur dignité d'homme.

L'absurdité dans le théâtre de Beckett est plus radicale encore. Dans *En attendant Godot*, l'humanité se réduit à deux clochards dérisoires, Vladimir et Estragon, et à un couple de maître et de valet, Lucky et Pozzo, dont le rapport de force donne une piètre image des relations humaines en général. Tout au long de la pièce, Vladimir et Estragon attendent un certain Godot (peut-être God, Dieu, en anglais ?), en vain. Cette attente inutile souligne de façon métaphorique l'absurdité de l'existence humaine. Même le soulagement de la mort est refusé aux personnages : dans un épisode burlesque, à la fin de la pièce, la tentative de suicide d'Estragon échoue lamentablement ; les personnages sont condamnés à poursuivre leur attente absurde.

Le théâtre de Jean Genet

Né de père inconnu, abandonné par sa mère, Jean Genet est confié dès son plus jeune âge à l'Assistance publique. S'ensuivra une jeunesse mouvementée, au cours de laquelle il mène une vie de marginal : vol, mendicité, prostitution lui vaudront d'être incarcéré à maintes reprises.

Heureusement pour lui, lorsqu'il commence à écrire, en prison, Cocteau l'encourage vivement à poursuivre dans cette voie. Puis Genet obtiendra l'appui de Sartre, qui lui consacrera même un ouvrage critique, *Saint Genet, comédien et martyr* (1952). Malgré la vie sulfureuse qu'il mène, son talent est donc reconnu.

En 1947, Louis Jouvet crée *Les Bonnes*, au théâtre de l'Athénée, qui deviendra l'une de ses pièces les plus célèbres. Elle est emblématique de l'univers de Genet, qui revendique la célébration du mal. La pièce exalte la noirceur des sentiments éprouvés par les deux bonnes, Solange et Claire, sœurs de surcroît : haine mêlée de fascination pour Madame, mépris pour Monsieur qu'elles envoient en prison, volonté de domination lorsqu'elles jouent chacune à leur tour le rôle de Madame en l'absence de celle-ci. Elles projettent d'empoisonner Madame, mais la scène du meurtre sera élevée au rang d'une véritable cérémonie, et la victime ne sera pas celle que l'on attendait.

L'auteur reconnaît lui-même que ses personnages sont des « monstres, comme nous-mêmes quand nous rêvons ceci ou cela. » Il bafoue délibérément la morale en sacralisant le crime et l'abjection. C'est une manière pour lui de revendiquer sa propre marginalité. Au lieu de la subir passivement, il la transforme en contre-valeurs qui renversent radicalement l'ordre établi. Parfois, il métamorphose même l'ignominie en beauté, grâce au pouvoir d'une langue travaillée et riche. Voici un extrait de la longue tirade de Solange à la fin de la pièce. Elle mime le meurtre de Madame sur sa sœur Claire et imagine son châtiment de criminelle comme un véritable triomphe :

> *Solange se dirige vers la fenêtre, l'ouvre et monte sur le balcon.*
>
> *Elle dira, le dos au public, face à la nuit, la tirade qui suit. Un vent léger fait bouger les rideaux.*
>
> Sortir. Descendre le grand escalier : la police l'accompagne. Mettez-vous au balcon pour la voir marcher entre les pénitents noirs. Il est midi. Elle porte alors une torche de neuf livres. Le bourreau la suit de près. À l'oreille il lui chuchote des mots d'amour. Le bourreau m'accompagne, Claire ! Le bourreau m'accompagne ! (*Elle rit.*) Elle sera conduite en cortège par toutes les bonnes du quartier, par tous les domestiques qui ont accompagné Claire à sa dernière demeure. (*Elle regarde dehors.*) On porte des couronnes, des fleurs, des oriflammes, des banderoles, on sonne le glas. L'enterrement déroule sa pompe. Il est beau, n'est-ce pas ? Viennent d'abord les maîtres d'hôtel, en frac, sans revers de soie. Ils portent leurs couronnes. Viennent ensuite les valets de pied, les laquais en culotte courte et bas blancs. Ils portent leurs couronnes. Viennent ensuite les valets de chambre, puis les femmes de chambre portant nos couleurs. Viennent les concierges, viennent les délégations du ciel. Et je les conduis. Le bourreau me berce. On m'acclame. Je suis pâle et je vais mourir.
>
> *Elle rentre.*

Jean Genet, *Les Bonnes*, Éditions Gallimard.

Le théâtre contemporain : Grumberg, Koltès, Réza, Mouawad

À l'heure actuelle, le théâtre demeure un genre très vivant et très prisé. De nombreuses créations, très variées, alimentent la scène contemporaine. Au sein de cette diversité, quelques dramaturges particulièrement talentueux émergent.

En 1979, la pièce de Jean-Claude Grumberg, *L'Atelier*, revient de manière originale sur la tragédie de la Shoah, en évitant le pathos. À travers les conversations qui vont bon train dans un atelier de confection d'après-guerre, le spectateur voit défiler des personnages qui ont eu des destins bien différents durant la période troublée de la guerre. De la lâcheté du collaborateur au calvaire du déporté, en passant par la vie de gens plus ordinaires, l'auteur restitue tout un pan du passé qui montre jusqu'où peut aller la turpitude humaine.

À peu près à la même époque, Bernard-Marie Koltès impose le ton particulier de ses pièces, à la fois incisif et poétique. Dans *Combat de nègre et de chiens* (1979), sur fond de colonialisme, il donne une image très violente et très brutale des rapports humains. En 1988, *Roberto Zucco* défraye la chronique parce que la pièce met en scène la cavale d'un dangereux criminel, Roberto Succo, qui se suicide en prison la même année. La polémique est vive. Utiliser un fait-divers dans une œuvre littéraire n'est pas une nouveauté, mais le faire de façon concomitante aux événements tragiques est très audacieux. Se pose alors le problème de la liberté de l'artiste face au respect dû aux victimes : jusqu'où cette liberté peut-elle aller ? A-t-elle certaines limites ? Bernard-Marie Koltès n'hésite pas à choquer le spectateur.

Moins tragique mais non moins incisive, la dramaturge Yasmina Réza s'impose avec le succès de sa pièce *Art*. Elle épingle de façon caustique le snobisme artistique parisien, et montre comment l'amitié peut être mise à mal quand les susceptibilités sont heurtées, même pour quelque chose d'aussi dérisoire que l'achat d'un tableau. Le dialogue entre les deux amis rappelle la pièce de Nathalie Sarraute, *Pour un oui ou pour un non* (1982), qui explore les méandres de la conversation, avec ses non-dits, ses paradoxes, et même parfois sa violence sous-jacente.

Un peu dans la même veine que Yasmina Réza, Jean-Luc Lagarce porte lui aussi un regard sarcastique sur ses contemporains et sur les conventions sociales, qu'il dénonce avec humour dans *Les Règles du savoir vivre dans la société moderne*.

Wajdi Mouawad est d'origine libanaise. À l'âge de dix ans, il quitte son pays natal en 1978 à cause de la guerre civile. Sa famille immigre en France, puis au Québec où il vit actuellement. Sa tétralogie intitulée *Le Sang des promesses* met au cœur de ses pièces la thématique de l'héritage et de la quête d'identité : *Littoral* (1997), *Incendies* (2003), *Forêts* (2006), *Ciels* (2009).

3. Prolongement artistique et culturel: la représentation théâtrale

Les lieux de la représentation théâtrale

Le théâtre à l'italienne

À l'époque classique, la salle de spectacle est à l'image de l'organisation de la société. Le « théâtre à l'italienne » reflète une hiérarchie sociale très marquée : tandis que le peuple est relégué d'abord au « parterre », puis tout en haut du théâtre, au « poulailler » ou « paradis », la bonne société occupe les loges ou les balcons. Au XVIIe siècle, dans une société de cour, on se rend au théâtre autant pour voir que pour être vu, et le spectacle est aussi bien dans la salle que sur la scène. D'ailleurs, l'éclairage est maintenu tout au long de la représentation. Il est toutefois assez faible : n'oublions pas qu'il fallait allumer des chandelles, et que l'entracte permettait de rallumer les candélabres. La plupart des théâtres français datent de la fin du XVIIIe et du XIXe siècles, et sont munis de scènes à l'italienne. Un tableau de Renoir, *La Loge*, datant de 1874, est riche d'enseignements sur la fonction de ce type de théâtre sous le Second Empire et au début de la Troisième République : une femme jeune et séduisante se laisse regarder, tandis que l'homme qui l'accompagne pointe ses jumelles vers un étage supérieur. À cette époque, le théâtre est bien le lieu où l'on va à la fois pour observer et être observer. La toile de Renoir en est un témoignage frappant. Le théâtre des Célestins, à Lyon, illustre ce type de théâtre. Aujourd'hui encore, le placement dépend des moyens financiers du spectateur. Le prix d'une place pour un spectacle peut ainsi varier du simple au double, selon que l'on est à l'orchestre ou au troisième balcon.

L'évolution des lieux théâtraux

Il faudra attendre le XXe siècle pour voir naître des salles de spectacles plus démocratiques, telles que celles du TNP (Théâtre national populaire), fondé par Jean Vilar. La salle est disposée en gradins, en demi-cercle autour de la scène.

Les places ne sont pas numérotées, le tarif est unique. Tous les spectateurs sont placés sur un même pied d'égalité.

Le TNP de Villeurbanne obéit à cette organisation.

Comparaison de deux mises en scène : Marivaux, *Le Jeu de l'amour et du hasard* (1730)

On opposera la mise en scène classique de Jean-Paul Roussillon à la Comédie-Française (1976) à la mise en scène plus contemporaine de Jean Liermier au Théâtre de Carouge (2008).

Voir exercice 4.

Écrit d'appropriation

Voir un spectacle de théâtre (fiche à intégrer dans le carnet personnel de formation culturelle)

Lire une pièce de théâtre, c'est bien, mais aller la voir jouer, c'est mieux. Prendre quelques notes peut permettre de garder la trace d'un beau spectacle…

Voici une suggestion de fiche pour rendre compte d'un spectacle de théâtre :

- Titre de la pièce
- Nom de l'auteur

- Date de la représentation
- Nom du théâtre où est donnée la représentation
- Nom du metteur en scène
- Nom des acteurs principaux et des personnages qu'ils interprètent
- Quel type de salle ? (à l'italienne, en rond, en gradins…)
- Essayez de faire un croquis de la salle

Les décors

- Que représentent-ils ?
- Matériaux
- Couleurs
- Indiquent-ils précisément une période historique ?
- **Les lumières** : vives – sombres – évolutives ?
- Que mettent-elles en valeur ?
- **La musique** : enregistrée – présence d'instruments ?
- Quel est le rôle de la musique ?
- Bruitages : lesquels ?

Les costumes

- Décrivez-les
- Indiquent-ils une période précise ?

Le public

- Âge
- Vêtements
- Ses réactions : Rires – Applaudissements – Rappels
- Autres

La mise en scène

- Relevez un effet de mise en scène qui vous a plu (ou plusieurs).
- Relevez des gestes significatifs du personnage principal (ou des autres personnages).
- Autres remarques sur le spectacle

Petite bibliographie commentée

Deux pièces seront intégralement étudiées en classe au cours de l'année. La lecture cursive d'au moins une pièce d'une autre période est à intégrer dans le carnet personnel de lectures et de formation culturelle de l'élève.

XVIIe siècle

Comédies

- *L'École des femmes*, Molière : Agnès est une jeune fille élevée dans l'ignorance par son tuteur Arnolphe, qui compte bien l'épouser malgré la différence d'âge. Mais un beau jeune homme fait la cour à Agnès et les jeunes gens tombent amoureux…
- *Le Misanthrope ou l'Atrabilaire amoureux*, Molière : peut-on vivre en société comme Alceste, en fuyant le monde et en disant à chacun ses quatre vérités ?
- *Dom Juan ou Le Festin de Pierre*, Molière : le Dom Juan de Molière revendique sa liberté de mœurs et de pensée. Mais peut-il impunément défier les lois sociales et religieuses de son époque ?
- *Le Tartuffe ou l'Imposteur*, Molière : sous couvert de religion et de vertu, Tartuffe s'immisce dans la famille d'Orgon pour faire sa fortune. Sera-t-il démasqué à temps ?

Tragi-comédie

- *Le Cid*, Corneille : Rodrigue aime Chimène, mais a tué son père pour venger l'honneur du sien… Comment les amants vont-ils surmonter cette épreuve ?

Tragédies

- *Phèdre*, Racine : l'histoire d'une passion incestueuse, fatale et infernale, celle de Phèdre pour son beau-fils Hippolyte.
- *Bérénice*, Racine : Titus aime Bérénice, mais devra-t-il la renvoyer pour obéir à la loi romaine ?

XVIIIe siècle

Comédies

- *Le Jeu de l'Amour et du Hasard*, Marivaux : jeu de masques où les maîtres prennent la place des valets, et les valets celle des maîtres, mais où l'amour se révèle malgré tout…
- *L'Île des esclaves*, Marivaux : les maîtres se voient condamnés à subir les humiliations qu'ils infligent d'ordinaire à leurs valets…
- *Le Mariage de Figaro*, Beaumarchais : pour la première fois, un valet sur le devant de la scène, qui dit leurs quatre vérités aux Nobles…

XIXe siècle

Drames romantiques

- *Ruy Blas*, Victor Hugo : un valet prend la place d'un noble dans l'Espagne du XVIIe siècle…
- *Lorenzaccio*, Musset : l'histoire d'un débauché au cœur pur, dans la Florence de la Renaissance, à l'époque des Médicis…

Proverbes

- *On ne badine pas avec l'amour*, Musset : Perdican et Camille s'aiment, mais, par orgueil, ils échouent tour à tour à se l'avouer. L'innocente Rosette en fera les frais…

Pièce avant-gardiste

- *Ubu Roi*, Alfred Jarry : Ubu est un roi mégalomane qui pousse jusqu'à l'absurde la conquête du pouvoir. Mais en privé, c'est la mère Ubu qui porte la culotte…

XXe siècle

Pièces modernes inspirées par la mythologie

- *Antigone*, Jean Anouilh : elle va jusqu'au bout de son devoir qui lui commande d'enterrer dignement son frère, dût-elle en mourir…
- *La guerre de Troie n'aura pas lieu*, Jean Giraudoux : ou comment revisiter un célèbre épisode de l'Antiquité…
- *La Machine infernale*, Cocteau : la fameuse histoire d'Œdipe, revue par un grand auteur du XXe siècle…

Théâtre de l'absurde

- *La Cantatrice chauve*, Ionesco : pour découvrir le théâtre de l'absurde. M. et Mme Smith entament une conversation sans queue ni tête…
- *Rhinocéros*, Ionesco : la « rhinocérite » menace ! Tous les habitants d'une ville se transforment peu à peu en rhinocéros… Qui aura le courage de résister ?
- *En attendant Godot*, Beckett : deux personnages attendent un certain Godot, et plongent le spectateur au cœur de l'absurde…

Pièces contemporaines

- *Les Bonnes*, Jean Genet : deux bonnes s'amusent en l'absence de leur maîtresse. L'une joue le rôle de Madame, l'autre celui de bonne. Mais le jeu va mal tourner…
- *Théâtre de chambre*, Jean Tardieu, *Un mot pour un autre* : le titre dit tout…

- *Combat de nègre et de chiens*, Bernard-Marie Koltès : la violence des rapports humains sur fond de colonialisme…
- *Roberto Zucco*, Bernard-Marie Koltès : la tragique aventure d'un meurtrier en cavale, inspirée d'un vrai fait-divers…
- *L'Atelier*, Jean-Claude Grumberg : dans un atelier de couture, après 1945. Tout en travaillant, les employés racontent leur vie pendant l'Occupation et dans l'immédiat après-guerre : Juif déporté ou collaborateur, comment vivre après le traumatisme de la Seconde Guerre mondiale ? *Les Diablogues*, Roland Dubillard : de courtes scènes inspirées par la vie quotidienne, à l'humour loufoque et décalé…
- *Dissident il va sans dire*, Michel Vivaner : Hélène est une mère aimante qui a le discours de tous les parents. Son fils, Philippe, essaie de se détacher d'elle, sans le dire clairement…
- *Pour un oui ou pour un non*, Nathalie Sarraute : H1 et H2, deux amis, se rencontrent. Ils se sont perdus de vue car l'un d'entre eux aurait prononcé sur un drôle de ton « C'est bien… ça… ». Une amitié risque-t-elle d'être gâchée pour si peu de chose en apparence ?
- *Art*, Yasmina Réza : qu'est-ce qu'une œuvre d'art ? Deux amis entament la discussion, qui devient vite houleuse…
- *Le Dieu du carnage*, Yasmina Réza : dans un square, Ferdinand, onze ans, a frappé au visage Bruno. Les parents se rencontrent pour régler le conflit de leurs enfants. La conversation s'envenime, le ton monte…
- *Juste la fin du monde*, Jean-Luc Lagarce : comment annoncer à sa famille que l'on est malade et condamné ? Un texte poignant sur les relations parfois difficiles avec ses proches…
- *Les Règles du savoir-vivre dans la société moderne*, Jean-Luc Lagarce : un monologue plein d'humour ; l'auteur énumère les bons préceptes d'un manuel de savoir-vivre du début du XXe siècle…
- *La Nuit de Valognes*, Éric-Emmanuel Schmitt : Dom Juan doit payer pour toutes ses infidélités. Le « bourreau des cœurs » est invité à rendre des comptes devant toutes les femmes qu'il a trompées…
- *Papa doit manger*, Marie NDyae : Papa, qui avait abandonné femme et enfants il y a dix ans, revient comme si de rien n'était. Il compte reprendre sa place dans la famille. Mais maman a refait sa vie, et ses filles l'ont oublié…
- *L'acte inconnu*, Valère Novarina : pour une autre approche du langage théâtral par le corps, la voix, le jeu…

- *Le Sang des promesses,* Wajdi Mouawad : *Littoral* (1997), *Incendies* (2003), *Forêts* (2006), *Ciels* (2009) : Wilfrid, d'origine libanaise, décide d'aller enterrer son père dans son pays natal. C'est le début d'une longue quête…

Pièces de langue étrangère

XVIe siècle

- *Roméo et Juliette* (1597), Shakespeare (auteur anglais) : deux jeunes gens s'aiment mais leurs familles sont ennemies…

XVIIe siècle

- *La vie et un songe*, Calderon (auteur espagnol) : confusion baroque du rêve et de la réalité…

XVIIIe siècle

- *La Locondiera* ou *La Belle aubergiste*, Goldoni (auteur italien) : Mirandolina s'amuse à séduire tous les hommes qui logent dans son auberge. Mais l'un d'entre eux va lui résister…

XIXe siècle (fin du siècle)

- *La Mouette*, Tchekhov (auteur russe) : la mouette est un oiseau libre et heureux jusqu'au jour où un chasseur la tue… Elle devient le symbole de la vie de Nina, touché au cœur par Trigorine.
- *Mademoiselle Julie*, August Strindberg (auteur suédois) : huis clos tragique qui met aux prises Mademoiselle Julie, la fille du Comte, et Jean, le valet de la maison, sous le regard de Kristin, la cuisinière… *Une Maison de poupée*, Ibsen (auteur norvégien, la traduction française date de 1991, alors que la pièce est de 1879) : Nora est l'épouse de Torvald et une jeune mère de famille qui a tout pour être heureuse, en apparence. En réalité, elle étouffe sous le joug de son mari qui l'infantilise. Réussira-telle à se libérer de ce carcan ?

XXe siècle

- *Six personnages en quête d'auteurs*, Pirandello (auteur italien) : une famille recherche un auteur pour écrire sa pièce et des acteurs pour jouer le drame de chacun d'entre eux… Une formidable mise en abyme du jeu théâtral et une réflexion sur les rapports entre la réalité et la fiction.
- *Maître Puntila et son valet Matti*, Bertold Brecht (auteur allemand, la traduction française date de 1956) : le propriétaire terrien Puntila gère avec une grande cruauté son domaine et ses gens. Mais lorsqu'il a trop bu, il devient humain et attendrissant. Le valet Matti doit faire face à ce maître au double visage…
- *L'anniversaire*, Harold Pinter (auteur britannique, Prix Nobel de littérature) : entre comédie et tragédie, un drôle d'anniversaire perturbé par des invités imprévus…

- *La Contrebasse*, Patrick Süskind (auteur allemand, la traduction française date de 1984) : seul en scène, un contrebassiste vante pompeusement son instrument avant de se mettre à raconter sa vie et ses déboires… La pièce a été magistralement interprétée par le comédien Jacques Villeret.
- *Pièces de guerre*, Edward Bond (auteur britannique) : pour éprouver un état de guerre permanent…

Énoncés des exercices

** Exercice 1

Dans l'acte II du *Dom Juan* de Molière, Dom Juan essaie de séduire deux paysannes, Charlotte et Mathurine, et de faire croire à chacune d'entre elles que c'est elle qu'il aime sincèrement, et qu'il va épouser. Elles lui demandent de s'expliquer.

Quel est l'intérêt de la double énonciation dans cette longue réplique de Dom Juan ?

> **Dom Juan**, *embarrassé, leur dit à toutes deux,*
>
> Que voulez-vous que je dise ? Vous soutenez également toutes deux que je vous ai promis de vous prendre pour femmes. Est-ce que chacune de vous ne sait pas ce qui en est, sans que ce soit nécessaire que je m'explique davantage ? Pourquoi m'obliger là-dessus à des redites ? Celle à qui j'ai promis effectivement n'a-t-elle pas en elle-même de quoi se moquer des discours de l'autre, et doit-elle se mettre en peine, pourvu que j'accomplisse ma promesse ? Tous les discours n'avancent point les choses ; il faut faire et non pas dire, et les effets décident mieux que les paroles. Aussi n'est-ce rien que par là que je vous veux mettre d'accord, et l'on verra, quand je me marierai, laquelle des deux a mon cœur. (*Bas à Mathurine*) Laissez-lui croire ce qu'elle voudra. (*Bas à Charlotte*) Laissez-la se flatter dans son imagination. (*Bas à Mathurine.*) Je vous adore. (*Bas à Charlotte.*) Je suis tout à vous. (*Bas à Mathurine*) Tous les visages sont laids auprès du vôtre. (*Bas à Charlotte*) On ne peut plus souffrir les autres quand on vous a vue. (*Haut*) J'ai un petit ordre à donner ; je viens vous retrouver dans un quart d'heure. (*Il sort*)

* Exercice 2

Dans ce passage de la scène 2 de l'acte III des *Femmes savantes* de Molière, Philaminte, sa fille Armande, et sa belle-sœur Bélise s'apprêtent à écouter avec délectation Trissotin, qui se pique de « bel esprit », lire son sonnet. L'Épine est leur laquais.

Repérez dans cet extrait les différents types de comique que vous reconnaissez :

> **Philaminte**
> Allons, petit garçon, vite de quoi s'asseoir.
> (*Le laquais tombe avec la chaise.*)
> Voyez, l'impertinent ! Est-ce que l'on doit choir,
> Après avoir appris l'équilibre des choses ?

Exercices

Bélise
De ta chute, ignorant, ne vois-tu pas les causes,
Et qu'elle vient d'avoir du point fixe écarté
Ce que nous appelons centre de gravité ?

L'Épine
Je m'en suis aperçu, Madame, étant par terre !

Philaminte
Le lourdaud !

Trissotin
Bien lui prend de n'être pas de verre.

Armande
Ah ! De l'esprit partout !

Bélise
Cela ne tarit pas.

Philaminte
Servez-nous promptement votre aimable repas. […]

Bélise
(*À chaque fois qu'il veut lire, elle l'interrompt.*)
Je sens d'aise mon cœur tressaillir par avance.
J'aime la poésie avec entêtement,
Et surtout quand les vers sont tournés galamment.

Philaminte
Si nous parlons toujours, il ne pourra rien dire.

Trissotin
SO…

Bélise
Silence, ma nièce.

** Exercice 3

Voici le prologue de *La Machine infernale* de Cocteau, qui reprend le mythe d'Œdipe.

Repérez et commentez les éléments qui appartiennent au registre tragique (la notion de fatalité, l'ambiguïté du héros tragique, la pitié et l'horreur qu'éprouve le spectateur pour le héros…).

La voix

« Il tuera son père. Il épousera sa mère. »

Pour déjouer cet oracle d'Apollon, Jocaste, reine de Thèbes, abandonne son fils, les pieds troués et liés, sur la montagne. Un berger de Corinthe trouve le nourrisson et le porte à Polybe [et Mérope, roi et reine de Corinthe].

Jeune homme, Œdipe interroge l'oracle de Delphes.

Le dieu parle : tu assassineras ton père et tu épouseras ta mère. Donc il faut fuir Polybe et Mérope.

[...]

Un soir de voyage, au carrefour où les chemins de Delphes et de Daulie se croisent, il rencontre une escorte. Un cheval le bouscule ; une dispute éclate ; un domestique le menace ; il riposte par un coup de bâton. Le coup se trompe d'adresse et assomme le maître. Ce vieillard mort est Laïus, roi de Thèbes. Et voici le parricide. [...]

Pendant une [autre] de ses haltes, on lui raconte le fléau du Sphinx. [...] La reine Jocaste, veuve de Laïus, offre sa main, et sa couronne au vainqueur du Sphinx. Comme s'élancera le jeune Siegfried, Œdipe se hâte. La curiosité, l'ambition le dévorent. La rencontre a lieu. De quelle nature, cette rencontre ? Mystère. Toujours est-il que le jeune Œdipe entre à Thèbes en vainqueur et qu'il épouse la reine. Et voilà l'inceste.

Éditions Grasset & Fasquelle, 1932.

** Exercice 4

Le visionnement de la scène 1 de l'acte I sur Dailymotion permet de faire apparaître des différences notables entre les deux mises en scène.

1. Quel décor vous paraît le plus réaliste ? Justifiez votre réponse.
2. Comment sont habillées Lisette et Silvia ? Comment l'interprétez-vous ?
3. La relation de maîtresse à servante apparaît-elle de la même manière dans les deux mises en scène ?
4. Quelle mise en scène vous semble la plus comique ?

* Exercice 5

Pour chaque siècle, mettez le nom du mouvement littéraire correspondant au-dessus de la ligne et ajoutez les auteurs que vous connaissez au-dessous. L'exemple donné est celui du XVIIe siècle.

XVIIe siècle	**Classicisme** --------------I-------------I-----------------I------------------------- Corneille Molière Racine
XVIIIe siècle	--
XIXe siècle	--
XXe siècle	--
XXIe siècle	--

N.B. : La fiche est à compléter au fil de l'année. On peut y ajouter des titres de pièces.

Corrigés des exercices

Exercice 1

Dans cette scène, seul le spectateur mesure la duplicité de Don Juan, car lui seul entend son double discours, au sens propre du terme. En effet, le spectateur entend alternativement les serments d'amour adressés à Mathurine, puis ceux adressés à Charlotte.

Contrairement au spectateur, les deux principales intéressées, par le jeu des apartés (voir les didascalies « *Bas à Charlotte* », « *Bas à Mathurine* »), ne prennent connaissance que de la partie du discours de Dom Juan qui leur est adressée. Chacune croit à la sincérité de Dom Juan, et aucune n'imagine l'étendue de son hypocrisie.

Mis en demeure de s'expliquer, Dom Juan esquive avec habileté la difficulté et s'échappe en saisissant le premier prétexte (« J'ai un petit ordre à donner »).

La double énonciation accentue le registre comique de la scène et le cynisme de Dom Juan qui n'hésite pas à profiter de la crédulité des deux jeunes paysannes.

Exercice 2

- **Le comique de mots** : il repose avant tout sur la préciosité du langage de Philaminte et de Bélise.

  Lorsque le laquais tombe, le commentaire de Philaminte fait rire car il établit un faux rapport logique entre la connaissance des faits et les faits eux-mêmes :

  > « Voyez, l'impertinent ! Est-ce que l'on doit choir,
  > Après avoir appris l'équilibre des choses ? »

  C'est comme si la connaissance des maladies pouvait empêcher un médecin de tomber malade.

  D'autre part, la définition savante que donne Bélise de la chute est savoureuse et hors de propos, ce que ne manque pas de souligner L'Épine en utilisant un langage plus prosaïque :

  > **Bélise**
  > De ta chute, ignorant, ne vois-tu pas les causes,
  > Et qu'elle vient d'avoir du point fixe écarté
  > Ce que nous appelons centre de gravité ?
  >
  > **L'Épine**
  > Je m'en suis aperçu, madame, étant par terre !

- **Le comique de gestes** : la chute de L'Épine en offre un bel exemple.
- **Le comique de caractère** : Bélise et Philaminte se piquent d'être savantes et ne perdent pas une occasion d'étaler leur science. Elles se targuent également d'apprécier la poésie « avec entêtement » (on notera l'hyperbole), mais la suite de la scène mettra en évidence leur manque de goût, ce que le nom même du poète, Trissotin, laisse présager.
- **Le comique de mœurs** : Molière fait la satire des Précieuses. Loin d'être contre l'éducation des femmes, il condamne dans sa pièce les excès des précieuses, qui oublient la vraie culture au profit des apparences mondaines.
- **Le comique de répétition** : comme le précise la didascalie, à chaque fois que Trissotin veut lire, Bélise l'interrompt. Le comble est atteint lorsque, pour finir, c'est elle-même qui demande à Philaminte de se taire ! (« Silence, ma nièce »).

Exercice 3

- **La notion de fatalité** : la prédiction de l'oracle incarne la fatalité. Jocaste essaie en vain de la déjouer en abandonnant son fils. Œdipe ne pourra pas non plus échapper à la prédiction funeste en dépit de ses efforts pour fuir ceux qu'il prend pour ses parents. Son destin s'accomplira, le parricide et l'inceste se réaliseront.

- **L'ambiguïté du héros tragique** : Certes, Œdipe essaie de lutter contre la malédiction de l'oracle en quittant son foyer, mais ses actes le rendent en partie coupable de ce qui arrive. Lorsque « le coup se trompe d'adresse et assomme le maître », Œdipe est responsable de sa maladresse. Lorsque « le jeune Œdipe entre à Thèbes en vainqueur et qu'il épouse la reine », il n'est pas très loin du péché d'orgueil, de la démesure, de l'« hybris » grec. « La curiosité, l'ambition le dévorent », et ce sont elles qui l'ont poussé à essayer de résoudre l'énigme du sphinx, en échange de la main de la reine de Thèbes.
- **Terreur et pitié**, ressorts du tragique : Le spectateur a pitié du héros victime de l'oracle, mais est terrifié par l'horreur de ses crimes. C'est le principe de la **catharsis**.
- **Situation sans issue** : malgré ses efforts pour lutter contre son destin, Œdipe devra finir par reconnaître que l'oracle s'est accompli.

Exercice 4

1. Le décor de Jean-Paul Roussillon est le plus réaliste. Il représente un salon bourgeois du XVIIIe siècle. À noter : le jeu d'échecs rappelle la dimension ludique de la pièce (le jeu de l'amour). Le décor de Jean Liermier est plus original. Le plateau est percé de portes horizontales. Les portes perdent ainsi leur fonction réaliste. Elles ont une valeur symbolique : passage de l'enfance à l'âge adulte pour Silvia, multiplicité des sentiments… Par ailleurs, peu d'objets apparaissent sur la scène. Ils ont eux aussi une valeur symbolique. Ils renvoient souvent à l'enfance (lit, ours en peluche…).
2. Dans les deux mises en scène, Silvia et Lisette portent le même type de costume réaliste.

   Silvia est en chemise de nuit d'époque. Elle est donc saisie dans une scène d'intimité avec sa servante. La tenue de nuit accentue le début *in medias res* de la pièce. Le spectateur surprend Silvia chez elle et prend la dispute avec Lisette en cours de route. Les deux femmes expriment leurs opinions respectives sur le mariage. Lisette porte le tablier qui révèle sa fonction de servante. Cette fonction est accentuée dans la mise en scène de Jean Liermier avec des objets tels que le plateau, la théière. Par opposition, l'éventail est l'attribut de la servante.
3. La supériorité de Silvia à l'égard de Lisette est davantage marquée dans la mise en scène de Jean-Paul Roussillon. Silvia est une maîtresse traditionnelle, plus mûre et plus réfléchie que sa servante. Lisette semble réduite à sa seule fonction. Elle adopte un jeu figé et mécanique. Elle est presque déshumanisée. Dans la mise en scène de Jean Liermier, Silvia entretient une

relation de proximité avec sa servante. Les deux femmes sont très jeunes et complices. Silvia apparaît comme une enfant (voir les objets qui l'entourent). Elle contrôle mal ses émotions. Sa gestuelle avec l'éventail est désordonnée.

4. Le comique apparaît davantage dans la mise en scène de Jean Liermier grâce au caractère enfantin de Silvia et à la vivacité de Lisette. La mise en scène de Jean-Paul Roussillon est peu comique. Les propos de Silvia sont sérieux. Seul le jeu mécanique de Lisette peut prêter à sourire.

Exercice 5

Fiche mémento sur l'histoire du théâtre

XVIIe siècle	**CLASSICISME** --------------I-------------I-----------------I------------------------- Corneille Molière Racine
XVIIIe siècle	**SIÈCLE DES LUMIÈRES** --------------I------------------------------I------------------------- Marivaux Beaumarchais
XIXe siècle	**ROMANTISME** --------------I-------------I--------------------------------I---------- Hugo Musset Jarry
XXe siècle	**THÉÂTRE DE L'ABSURDE** ---------------------------I-----------I------------------I--------I--- Ionesco Beckett Koltès Lagarce
XXIe siècle	**THÉÂTRE CONTEMPORAIN** -----------I-----------I--- Réza Mouawad

Corrigés

3 Le roman et le récit du XVIIIe siècle au XXIe siècle

1. Le récit : rappels théoriques sur le texte narratif

Les temps du récit

Les types de présent de l'indicatif

Il faut savoir repérer dans un texte :

- Le présent d'énonciation, qui correspond au moment où est émis le message (l'énoncé).

  Exemple : Aujourd'hui, je prends ma voiture pour aller au marché.

- Le présent de vérité générale, employé dans les proverbes.

  Exemples :

  « La vérité sort de la bouche des enfants. ».
  « Je suis jeune, il est vrai, mais aux âmes bien nées, / La valeur n'attend pas le nombre des années. »

  Le Cid, de Corneille.

- Le présent de narration, particulièrement efficace dans un récit au passé. Il met au premier plan l'action, en l'actualisant. On a l'impression que l'action se déroule sous nos yeux.

  Exemple :

  « Perrette là-dessus saute aussi, transportée ;
  Le lait tombe : adieu veau, vache, cochon, couvée. »

  La Laitière et le Pot au lait, de La Fontaine.

L'imparfait et le passé simple de l'indicatif

Ce sont les deux temps caractéristiques du récit au passé.

- L'imparfait correspond à une action qui a eu lieu dans le passé, et dont on ne connaît ni le début ni la fin. Il est le temps utilisé pour la description.

  Exemple :

  « L'hôtel se trouvait sur le boulevard de La Chapelle, à gauche de la barrière Poissonnière. »

- Le passé simple correspond à une action qui a eu lieu dans le passé, et dont on connaît le début et la fin. Il est utilisé pour rendre compte d'actions qui se succèdent dans le passé.

  Exemple : « Il marcha trente jours, il marcha trente nuits » (Victor Hugo).

Les discours rapportés

Le discours direct

Il sert à rapporter directement les paroles d'un personnage dans un récit. On le reconnaît grâce aux guillemets et au verbe introducteur.

Exemple : Il dit : « Je suis fatigué ! »

Le discours direct donne un caractère plus vivant et plus réaliste au récit.

Le discours indirect

Il sert à rapporter les paroles d'un personnage de manière indirecte dans un récit.

Les guillemets disparaissent. Le verbe introduit une subordonnée, ce qui entraîne des changements de personnes (*je* devient *il*) et de temps (au passé, il faut respecter la concordance des temps).

Exemples : Il dit qu'il est fatigué / Au passé : Il disait qu'il était fatigué.

Le discours indirect sème le doute sur la parole des personnages, puisque celles-ci, rapportées indirectement, peuvent être approximatives.

Le discours indirect libre

Il se situe à mi-chemin entre le discours direct et le discours indirect. Le verbe introducteur et la conjonction de subordination, présents au discours indirect, disparaissent. Certains signes de la ponctuation du discours direct réapparaissent.

Exemple : Il est fatigué !

Le lecteur a l'impression d'être à l'intérieur de la conscience du personnage et de lire dans ses pensées.

La différence entre auteur, narrateur, personnage

L'auteur écrit le livre, le roman ou la nouvelle.

Le narrateur fait le récit : le narrateur n'est pas toujours l'auteur, il peut être un personnage.

Par exemple, dans *L'Étranger* de Camus, le « je » qui raconte n'est pas l'auteur (Camus), mais le personnage principal (Meursault).

Le point de vue narratif (= la focalisation)

Il s'agit de répondre à la question suivante : qui voit la scène ? (Qui la décrit ?)

Le point de vue du narrateur omniscient (= la focalisation zéro)

Le narrateur omniscient « sait tout » de l'histoire qu'il raconte, de ses personnages.

Il ne se concentre sur aucun détail particulier puisqu'il dit tout au lecteur. Le récit est alors souvent au passé : c'est parce que l'histoire a déjà eu lieu au moment où il la raconte que le narrateur en connaît tous les détails.

Exemple : début de *L'Éducation sentimentale*, de Flaubert.

> « Le 15 septembre 1840, vers six heures du matin, la Ville-de-Montereau, près de partir, fumait à gros tourbillons devant le quai Saint-Bernard. »

Le point de vue interne (= la focalisation interne)

La scène est vue à travers les yeux d'un personnage : les verbes de perception (vue, ouïe…) permettent de repérer le point de vue interne.

Exemple : extrait de l'épilogue de *Bel Ami*, de Maupassant.

> « Lorsqu'il parvint sur le seuil, il aperçut la foule amassée, une foule noire, bruissante, venue là pour lui, pour lui Georges Du Roy. »

Le point de vue externe (= la focalisation externe)

La focalisation externe est plus rare. Le personnage est décrit de l'extérieur (ses gestes, son comportement). Le lecteur n'a pas accès à ses pensées.

Exemple : extrait de *L'Homme invisible*, de H.G. Wells

> « L'étranger arriva en février, par une matinée brumeuse, dans un tourbillon de vent et de neige. Il venait pédestrement, par la dune, de la station de Bramblehurst, portant de sa main couverte d'un gant épais, une petite valise noire. Il était bien enveloppé des pieds à la tête, et le bord d'un chapeau de feutre mou ne laissait apercevoir de sa figure que le bout luisant de son nez. La neige s'était amoncelée sur ses épaules, sur sa poitrine ; elle ajoutait aussi une crête blanche au sac dont il était chargé. »

Le rythme du récit

Le rythme du récit est variable.

Les effets d'accélération

- Le **sommaire** résume un moment de l'histoire.
- L'**ellipse** passe sous silence un pan entier de l'histoire.

Exemple : Dans le début du chapitre 6 de la troisième partie de *L'Éducation sentimentale*, Flaubert combine les deux procédés, et évite ainsi au lecteur le récit de quinze années de la vie du personnage principal, Frédéric Moreau.

> « Il voyagea.
>
> Il connut la mélancolie des paquebots, les froids réveils sous la tente, l'étourdissement des paysages et des ruines, l'amertume des sympathies interrompues.
>
> Il revint »

Les effets de ralentis

Les descriptions ou les commentaires du narrateur sont des pauses dans le récit. Ils en ralentissent le cours.

Les variations dans la chronologie

Les retours en arrière ou les anticipations dans le récit peuvent en modifier la chronologie.

2. Le roman en tant que genre

Les origines du roman

Au Moyen Âge, la structure du roman est très libre.

Le « roman » désigne n'importe quel écrit en langue vulgaire, le « roman », par opposition à la langue savante, le latin.

La structure du roman

En principe, le roman suit l'évolution des personnages et la progression chronologique d'une histoire, malgré les variations possibles du rythme du récit. Le roman part d'une situation initiale (= la situation du héros au départ) pour aboutir à une situation finale (= la situation du héros à la fin du récit). Entre-temps surgissent des événements et des obstacles que le héros doit parfois surmonter.

Pour mesurer le chemin parcouru (ou non !) par le personnage, la comparaison entre l'**incipit** du roman (= le début), et l'**épilogue** (= la fin) est souvent riche de sens.

Le personnage de roman

Le **personnage** est un être de fiction créé par l'auteur. Ce n'est pas une véritable personne. Le terme vient d'ailleurs du latin *persona*, qui désigne d'abord le masque de l'acteur.

Le personnage de roman au XVIIIe et XIXe siècles

Dans le roman réaliste des XVIIIe et XIXe siècles, on peut établir une fiche d'identité précise du personnage, car le romancier omniscient ne nous épargne pas les détails de son portrait physique et moral.

Exemple : Le portrait du père Grandet, dans *Eugénie Grandet* de Balzac

> « Au physique, Grandet était un homme de cinq pieds, trapu, carré ayant des mollets de douze pouces de circonférence, des rotules noueuses et de larges épaules ; son visage était rond, tanné, marqué de petite vérole ; son menton était droit, ses lèvres n'offraient aucunes sinuosités, et ses dents étaient blanches ; ses yeux avaient l'expression calme et dévoratrice que le peuple accorde au basilic ; son front, plein de rides transversales, ne manquait pas de protubérances significatives ; ses cheveux jaunâtres et grisonnants étaient blanc et or, disaient quelques jeunes gens qui ne connaissaient pas la gravité d'une plaisanterie faite sur M. Grandet. Son nez, gros par le bout, supportait une loupe veinée que le vulgaire disait non sans raison, pleine de malice. Cette figure annonçait une finesse dangereuse, une probité sans chaleur, l'égoïsme d'un homme habitué à concentrer ses sentiments dans la jouissance de l'avarice et sur le seul être qui lui fût réellement de quelque chose, sa fille Eugénie, sa seule héritière. [...]. »

Le père Grandet est représentatif du personnage « type » qui concentre tous les éléments d'un trait de caractère, ici l'avarice. On notera les correspondances entre le physique du personnage et son caractère. La passion de l'or semble avoir déteint sur lui, comme le traduit l'expression des « cheveux [...] blanc et or ».

Par ailleurs, le déroulement du récit suit le plus souvent l'évolution de la vie du personnage principal, parfois jusqu'à sa mort, ou du moins jusqu'à ce que soit achevée son éducation. Le roman est alors qualifié de « **roman d'éducation** », ou « **roman d'apprentissage** » ; on dit aussi « roman d'**initiation** » ou « **roman de formation** ».

C'est le schéma type de certains romans du XVIIIe siècle (*La Vie de Marianne* de Marivaux, *Manon Lescaut* de l'abbé Prévost) et de nombreux romans du XIXe siècle (*Le Rouge et le Noir* de Stendhal, *Le Père Goriot* de Balzac).

L'évolution du personnage au XXe siècle

Au XXe siècle, dans les années 1950, beaucoup de romanciers du « Nouveau Roman » remettent en cause le registre réaliste et le narrateur omniscient. Ils essaient de créer un monde sans repères, voire absurde. Ainsi, dans *L'Étranger* de Camus (1942), le narrateur dérange le lecteur par ses hésitations et crée un monde « étrange » dès l'incipit :

> « Aujourd'hui, maman est morte. Ou peut-être hier, je ne sais pas ; j'ai reçu un télégramme de l'asile : « Mère décédée. Enterrement demain. Sentiments distingués. ». Cela ne veut rien dire. C'était peut-être hier. »

Plus de portrait du personnage principal, plus de narrateur omniscient : le narrateur est un simple « je » hésitant et perdu dans les dates.

Pour sa part, dès le début de son autobiographie *Enfance*, Nathalie Sarraute remet en cause la notion même d'écriture et de souvenirs. Elle se permet même de se tutoyer elle-même de manière tout à fait inattendue :

> « – Alors, tu vas vraiment faire ça ? "Évoquer tes souvenirs d'enfance"... Comme ces mots te gênent, tu ne les aimes pas. Mais reconnais que ce sont les seuls mots qui conviennent. Tu veux "évoquer tes souvenirs"... Il n'y a pas à tortiller, c'est bien ça. »

3. Histoire du roman, du XVIIIe siècle au XXIe siècle

Le roman au XVIIIe siècle : l'émergence du réalisme

Au XVIIe siècle, le roman va délaisser peu à peu l'invraisemblance des romans précieux comme *La Clélie* de Mademoiselle de Scudéry. Le genre s'oriente vers une certaine forme de réalisme grâce au récit de Madame de La Fayette, *La Princesse de Clèves*, publié en 1678. L'analyse psychologique des personnages est approfondie avec soin et le récit s'inscrit dans un cadre historique précis, la Cour de Henri II.

Au XVIIIe siècle, le roman veut être considéré comme un genre sérieux, alors qu'on lui a souvent reproché ses sujets frivoles et licencieux comme l'amour, le désir. Il s'inscrit dans la réalité des mœurs de l'époque. Il s'oriente vers plus de vraisemblance pour être crédible. Pour cela, il prétend s'appuyer sur des documents authentiques (lettres, mémoires, manuscrits...). Le préambule de *La Vie de Marianne*, de Marivaux, illustre bien cette tendance pseudo-réaliste :

> « Avant que de donner cette histoire au public, il faut lui apprendre comment je l'ai trouvée.
>
> Il y a six mois que j'achetai une maison de campagne à quelques lieues de Rennes, qui, depuis trente ans, a passé successivement entre les mains de cinq ou six personnes. J'ai voulu faire changer quelque chose à la disposition du

premier appartement, dans une armoire pratiquée dans l'enfoncement d'un mur, on y a trouvé un manuscrit en plusieurs cahiers contenant l'histoire qu'on va lire, et le tout d'une écriture de femme. On me l'apporta, je le lus avec deux de mes amis qui étaient chez moi, et qui depuis ce jour-là n'ont cessé de me dire qu'il fallait le faire imprimer : je le veux bien, d'autant plus que cette histoire n'intéresse personne [...].

C'est une femme qui raconte sa vie ; nous ne savons qui elle était. C'est la *Vie de Marianne* ; c'est ainsi qu'elle se nomme elle-même au commencement de son histoire ; elle prend ensuite le titre de comtesse ; elle parle à une de ses amies dont le nom est en blanc ; et puis c'est tout. »

À la même époque fleurit le genre des pseudo-mémoires. La célèbre *Histoire du chevalier Des Grieux et de Manon Lescaut* est en fait insérée dans un roman beaucoup plus long intitulé *Mémoires et aventures d'un homme de qualité.* L'auteur, l'abbé Prévost, cherche à accréditer la véracité du récit.

Enfin, le **roman épistolaire** (= par lettres) participe lui aussi de cette veine réaliste. Les lettres sont fictives, mais procurent une certaine vraisemblance à l'histoire. On peut songer au roman de Rousseau, *La Nouvelle Héloïse*, ou à celui de Choderlos de Laclos, *Les Liaisons dangereuses.*

Le roman au XIXe siècle : le triomphe du réalisme

Les registres du récit sont très variables : réaliste, tragique, comique, pathétique, lyrique, fantastique...

Toutefois, au XIXe siècle, le **roman réaliste** va progressivement s'imposer, en réaction contre l'idéalisme de la période **romantique**.

L'époque romantique

Dans la première partie du XIXe siècle, sous l'influence du romantisme, les romans exaltent la passion sous toutes ses formes : premiers émois de Julien Sorel pour Madame de Rênal dans *Le Rouge et le Noir*, de Stendhal ; bonheur de Fabrice del Dongo, épris de Clélia dans *La Chartreuse de Parme*, autre roman de Stendhal ; passion dévastatrice dans *Colomba*, de Mérimée ; passion absolue dans *Carmen*, du même auteur. Les héros ont soif d'absolu.

Par conséquent, les écrivains romantiques ont tendance à idéaliser leurs personnages. Leurs héros sont des êtres hors du commun, parés de grandes vertus. N'oublions pas qu'à l'origine, le personnage de roman est l'héritier des **héros** exemplaires de l'Antiquité, mi-hommes, mi-dieux. Ainsi, dans *Le Lys dans la vallée*, Balzac présente l'héroïne principale, Madame de Mortsauf, comme l'image de la « perfection terrestre », le symbole même de la vertu, en la dotant de toutes les séductions de l'âme et du corps.

À leur manière, les héros stendhaliens se distinguent eux aussi du vulgaire par l'énergie qui les anime lorsqu'ils ont à lutter pour leur amour ou pour leur ambition : ce sont des tempéraments ardents, originaux, et passionnés. Le héros de *La Chartreuse de Parme*, Fabrice del Dongo, incarne bien cet enthousiasme passionné, au service d'un idéal de bonheur cher à l'auteur.

Mais l'aspiration à l'idéal appelle un contrepoint. Le **roman romantique** se caractérise souvent par une opposition systématique entre le Bien et le Mal, par un manichéisme un peu simpliste. Les romans de Victor Hugo illustrent fréquemment cette dualité, en particulier *Notre-Dame de Paris*. Frollo, le prêtre maléfique, et Quasimodo, le monstre bénéfique, sont des personnages antithétiques, qui luttent, chacun à leur manière, pour obtenir les faveurs de la belle bohémienne, Esméralda.

Le réalisme

En réaction contre l'idéalisation du héros romantique, les écrivains réalistes reviennent à la description prosaïque de la réalité quotidienne au cours du XIXe siècle.

Balzac peut être considéré comme le chef de file du **réalisme** dans la littérature.

En 1842, dans son *Avant-Propos* de *La Comédie humaine*, il déclare vouloir « faire concurrence à l'état-civil ». Il ajoute : « La société française allait être l'historien, je ne devais être que le secrétaire. » Il affirme la nécessité pour l'écrivain de réunir une documentation objective avant de se lancer dans l'écriture d'un roman.

Dans *Le Père Goriot*, il s'exclame d'emblée : « Ah ! sachez-le : ce drame n'est ni une fiction ni un roman. *All is true*, il est si véritable que chacun peut en reconnaître les éléments chez soi, dans son cœur peut-être. ». Dans ce roman, l'auteur fait découvrir à son héros, le jeune Rastignac, ainsi qu'à son lecteur, les rouages de la société parisienne, de la bourgeoisie à l'aristocratie, en passant par les bas-fonds de la pension Vauquer : « là règne la misère sans poésie ; une misère économe, concentrée, râpée. »

Chez Balzac, le physique des personnages correspond à leur caractère. De même, on peut noter le lien qui unit les personnages à leur milieu. Ainsi, lorsqu'il fait le portrait de Madame Vauquer, la directrice de la pension, Balzac précise : « Sa figure fraîche comme une première gelée d'automne, ses yeux ridés, dont l'expression passe du sourire prescrit aux danseuses à l'amer renfrognement de l'escompteur, enfin toute sa personne explique la pension, comme la pension implique sa personne. Le bagne ne va pas sans l'argousin, vous n'imagineriez pas l'un sans l'autre. ». Un peu plus loin, il ajoute : « aussi le spectacle désolant que présentait l'intérieur de cette maison se répétait-il dans le costume de ses habitués, également délabré. ». Ce jeu de correspondances donne une grande cohérence à cet univers romanesque, et renforce son caractère réaliste.

Stendhal, malgré l'aspiration de ses héros à un idéal romantique, affiche lui aussi un parti pris réaliste. En effet, le sous-titre du *Rouge et le Noir*, *Chronique de 1830*, révèle bien la volonté d'ancrer l'histoire dans le contexte politique et social de l'époque, à savoir les dernières années de la Restauration. À travers le regard de Julien Sorel, l'auteur brosse un tableau de la société française

Contemporaine, de la noblesse de province à l'aristocratie parisienne, en passant par la hiérarchie des milieux ecclésiastiques. C'est d'ailleurs dans cet ouvrage que Stendhal définit lui-même le roman comme « un miroir que l'on promène le long d'une grand-route », qui doit tout montrer, aussi bien la beauté des paysages que la boue du chemin.

Le naturalisme

Zola et les soirées de Médan

Le **naturalisme** prolonge le réalisme. Le terme est utilisé par Zola dès 1866. Plusieurs écrivains se groupent autour de lui et participent aux Soirées de Médan, dans sa propriété près de Paris. Au cours de ces soirées littéraires, on peut croiser Jules et Edmond Goncourt (à l'origine du célèbre prix littéraire), Alphonse Daudet, Guy de Maupassant… Tous ces auteurs défendent le roman, genre encore souvent considéré comme frivole. Ils prônent un style d'écriture « simplement vrai ».

La méthode naturaliste

Zola s'inspire des méthodes et des théories scientifiques contemporaines pour écrire ses romans. Il emprunte beaucoup à la démarche expérimentale du médecin Claude Bernard pour élaborer sa méthode naturaliste.

Un des grands principes de cette méthode expérimentale est l'importance accordée à l'observation.

Ainsi, avant d'écrire ses ouvrages, Zola se livre à des enquêtes minutieuses sur le terrain. Pour écrire *Germinal* (1885), il n'hésite pas à se rendre dans le nord de la France, et à descendre lui-même dans la mine, sur le site d'Anzin, alors en grève, pour mieux se rendre compte de ce que peut éprouver un mineur. Il prendra des « Notes », entre autres sur la position typographique de la fosse et du coron. D'autre part, les termes techniques utilisés dans le roman attestent d'un effort minutieux de documentation livresque. Dès le début du récit, le lecteur découvre le fonctionnement de la mine, le va-et-vient des cages qui descendent les mineurs dans les profondeurs de la terre et qui remontent le charbon, la tâche des « haveurs », le « boisage » pour renforcer la solidité des « galeries », mais que les mineurs, payés à la tâche, considèrent comme une perte de temps.

La formulation de l'hypothèse et l'expérimentation succèdent à l'observation. Dans *Le Roman expérimental* (1880), Zola expose ainsi sa méthode :

> « Puis, l'expérimentateur paraît et institue l'expérience, je veux dire fait mouvoir les personnages dans une histoire particulière, pour y montrer que la succession des faits y sera telle que l'exige le déterminisme des faits mis à l'étude. »

Le roman devient le champ de l'expérience qui permet de vérifier l'hypothèse de départ. Pour formuler ses hypothèses, Zola s'appuie sur des théories scientifiques récentes, comme les lois sur l'hérédité, par exemple. Dans le cycle des « Rougon-Macquart », il s'attache à démontrer, à travers le choix et le destin de ses personnages, comment les ravages de l'alcoolisme se répercutent de génération en génération. Le roman le plus emblématique à cet égard est évidemment *L'Assommoir*. C'est le café du père Colombe qui donne son titre au roman. C'est un lieu où les ouvriers viennent noyer leur misère dans l'alcool, qui les « assomme » et les mène à leur perte de façon inéluctable, presque malgré eux. Dans le récit, on apprend que la mère de Gervaise buvait. Consciente des dangers de l'alcool, Gervaise fait tout son possible pour lutter contre cette tare, mais elle finira elle aussi par succomber à l'attrait de l'alambic.

La représentation de toutes les classes sociales

La démarche pseudo-scientifique de Zola a pour but de représenter la réalité sous tous ses aspects. Le naturalisme va notamment ouvrir le champ du roman à toutes les classes sociales. Les personnages perdent leur caractère extraordinaire et leurs qualités héroïques. « Le premier homme qui passe est un héros suffisant », déclare Zola, qui fait entrer des ouvriers, des mineurs, des commerçants dans ses romans. Le titre complet des « Rougon-Macquart », *Histoire naturelle et sociale d'une famille sous le Second Empire*, est révélateur de ce parti pris réaliste. Dans chacun de ses romans, Zola fait découvrir au lecteur un milieu social donné : le monde de la mine dans *Germinal*, celui des ouvriers dans *L'Assommoir*, « roman sur le peuple », qui a « l'odeur du peuple », mais aussi le monde des paysans dans *La Terre*, celui des Halles de Paris dans *Le Ventre de Paris*, le domaine des Chemins de fer dans *La Bête humaine*…

Le personnage de roman est désormais populaire et ordinaire. Flaubert, lui aussi, choisit de raconter la vie médiocre d'une simple petite-bourgeoise de province, dans *Madame Bovary*.

De même que la littérature, la peinture se tourne également vers les petites gens. Le tableau de Courbet, *Un enterrement à Ornans*, rassemble sur une même toile tous les habitants de son village natal.

Un peintre comme Degas subit l'influence du naturalisme prôné par Zola. *Les Repasseuses* (1884) ou *Les Modistes* font partie de la série de tableaux consacrés aux femmes du monde moderne, ouvrières, danseuses, prostituées, blanchisseuses.

Marqué par le réalisme de Courbet, et influencé par les thèmes traités par Degas, le peintre Gustave Caillebotte choisit de représenter des scènes populaires, comme en témoigne *Les Raboteurs de parquet* (1875), où les travailleurs sont saisis en plein effort.

Le registre réaliste

En dépit de son nom, le « réalisme » ne livre pas la réalité brute. Il la recrée minutieusement pour en donner l'illusion au lecteur. Par une série d'« effets de réel », l'auteur rend l'histoire plus vraisemblable et aussi réaliste que possible. La précision des dates et des chiffres, les détails, le goût pour le petit fait vrai créent cette impression de réalité.

De plus, l'utilisation fréquente du point de vue interne dans le roman réaliste favorise également cette illusion de réalité. En effet, les descriptions semblent plus naturelles lorsqu'elles sont faites à travers le regard d'un personnage. Les détails perdent leur caractère artificiel et le lecteur découvre en même temps que le personnage un lieu, un paysage, une scène... Ainsi, par exemple, au début de *Germinal*, le lecteur découvre le site de la mine, surnommé Le Voreux, au même moment que le personnage principal, Étienne Lantier :

> « Le Voreux, à présent, sortait du rêve. Étienne, qui s'oubliait devant le brasier à chauffer ses pauvres mains saignantes, regardait, retrouvait chaque partie de la fosse, le hangar goudronné du criblage, le beffroi du puits, la vaste chambre de la machine d'extraction, la tourelle carrée de la pompe d'épuisement. Cette fosse, tassée au fond d'un creux, avec ses constructions trapues de briques, dressant sa cheminée comme une corne menaçante, lui semblait avoir un air mauvais de bête goulue, accroupie là pour manger le monde. »

Le recours au point de vue interne favorise l'identification du lecteur au personnage, ce qui renforce encore l'illusion réaliste. Le phénomène d'identification fonctionne d'autant mieux que le lecteur n'a pas de mal à se rapprocher de personnages ordinaires, semblables à lui-même, qui sont l'apanage du roman réaliste.

Le roman moderne, du XXᵉ siècle à nos jours

Une œuvre de transition : À la recherche du temps perdu, de Marcel Proust

Au tournant du XXe siècle, le roman s'achemine vers la modernité avec l'œuvre magistrale de Marcel Proust, *À la recherche du temps perdu*.

Contrairement aux règles du récit traditionnel, *À la recherche du temps perdu* n'est pas construit autour d'une action principale. La première partie de l'ouvrage, *Du côté de chez Swann*, paraît en 1913 et suscite l'incompréhension des contemporains. Un critique reproche à l'auteur d'avoir fait un livre qui n'est « ni un roman, ni un récit, ni même une confession », mais « une somme de faits et d'observations, de sensations et de sentiments », des morceaux mis bout à bout.

Cette absence d'intrigue traditionnelle fait précisément de Proust un précurseur du roman moderne. L'essentiel est moins de raconter une histoire que d'exprimer une certaine vision du monde. Il ne s'agit plus d'imaginer une fiction, mais de restituer la subjectivité d'un regard posé sur les choses. *À la recherche du temps perdu* ne vise pas à raconter le passé, mais propose au lecteur de découvrir un autre rapport possible avec le monde.

Le célèbre épisode de la madeleine permet de mieux comprendre l'originalité de cet univers romanesque. Alors qu'il goûte une madeleine trempée dans une tasse de thé, en compagnie de sa mère, le narrateur retrouve soudain la saveur de la madeleine que lui offrait sa tante Léonie le dimanche matin, bien des années auparavant, à Combray. Par le truchement de cette sensation, « tout Combray et ses environs, tout cela qui prend forme et solidité, est sorti, ville et jardins, de [cette] tasse de thé ». L'essentiel n'est pas de retrouver le passé, mais, grâce à la mémoire involontaire, de ressentir en même temps la sensation présente et la sensation passée, de vivre à la fois le passé et le présent, pour accéder à l'intemporel : « une minute affranchie de l'ordre du temps a recréé en nous, pour la sentir, l'homme affranchi de l'ordre du temps ». Seul l'art permet de vivre une telle expérience. C'est ce que comprend finalement le narrateur qui, dans *Le Temps retrouvé*, décide de se mettre à écrire. En se situant « en dehors du temps », il pourra jouir pleinement de « l'essence des choses ».

La remise en cause de l'écriture réaliste et la naissance du Nouveau roman

L'abandon des formes romanesques traditionnelles

Les codes de l'écriture réaliste contribuaient à la description d'un monde cohérent dont le narrateur omniscient donnait la clé au lecteur. Le récit au passé et à la 3e personne supposait une parfaite maîtrise de l'histoire et du destin des personnages. Il s'agissait, pour reprendre l'expression de Balzac, de « concurrencer l'état civil » en présentant des personnages aussi vrais que possible dans un récit organisé selon les lois de la chronologie.

Plus rien de tel au XXe siècle ! Les traumatismes causés par les deux grandes guerres mondiales remettent sévèrement en cause la stabilité du monde. L'écriture romanesque doit désormais refléter les incertitudes et la fragilité du monde contemporain. La description complète d'une réalité rassurante n'est plus de circonstance. Selon l'expression de Nathalie Sarraute, le roman entre dans « l'ère du soupçon ».

Ainsi, tous les éléments du roman traditionnel sont remis en question. La notion de personnage est mise à mal, « l'époque est plutôt celle du numéro de matricule », comme le constate Alain Robbe-Grillet. Le personnage se trouve parfois réduit à une simple initiale ou à un simple pronom personnel comme « Lui » ou « Elle » dans *Hiroshima mon amour*, de Marguerite Duras.

Les objets envahissent le récit, mais perdent toute valeur symbolique. Dans *Le Planétarium*, de Nathalie Sarraute, les personnages collectionnent des antiquités, sans toutefois manifester de véritable goût artistique. De même, le titre du roman de Georges Perec, *Les Choses*, indique clairement la prédominance de « l'avoir » sur « l'être » dans la société de consommation qu'il décrit.

Parallèlement, l'emploi des temps témoigne du refus d'une organisation chronologique du récit. Le présent domine et donne une impression de tâtonnement. L'histoire n'a pas d'existence préalable, le récit s'écrit laborieusement sous les yeux du lecteur.

La naissance du Nouveau Roman

Cette nouvelle forme de roman, inaugurée par Nathalie Sarraute, prendra le nom de **Nouveau Roman**, mais il ne s'agit pas d'une école. C'est un mouvement sans chef de file, sans revue. Il regroupe des écrivains très divers tels qu'Alain Robbe-Grillet, Michel Butor ou Claude Simon, mais qui ont en commun le rejet du roman traditionnel et l'exploration de voies nouvelles.

La publication de *Tropismes*, de Nathalie Sarraute, en 1939, marque une étape importante dans cette nouvelle manière de concevoir l'écriture romanesque. En effet, loin de vouloir nous raconter une histoire, l'auteur traque dans les profondeurs de l'être ce qu'elle appelle des « tropismes », ou encore la « sous-conversation », c'est-à-dire tous les mouvements qui se produisent en nous avant que la véritable parole n'émerge finalement au dehors. Voici la définition qu'en donne l'auteure elle-même dans la préface de *L'Ère du soupçon* :

> « Ce sont des mouvements indéfinissables qui glissent très rapidement aux limites de notre conscience ; ils sont à l'origine de nos gestes, de nos paroles, des sentiments que nous manifestons, que nous croyons éprouver et qu'il est possible de définir. Ils me paraissaient et me paraissent encore constituer la source secrète de notre existence. »

Le déchiffrement du lecteur

Privé de guide et de narrateur omniscient, le lecteur se confronte désormais à un univers romanesque énigmatique, difficile à déchiffrer, à l'image du monde contemporain. Il se perd dans le labyrinthe du récit, celui des *Gommes* de Robbe-Grillet, par exemple : Wallas, agent spécial du ministère de l'Intérieur, est chargé d'enquêter sur la mort du professeur Daniel Dupont. Mais son enquête tourne en rond, à l'image de ses pérégrinations dans une ville d'ailleurs sans nom. Comble de l'absurdité, Wallas finira par tuer l'homme sur la mort duquel il était chargé d'enquêter !

Dans ce roman, tout est fait pour dérouter le lecteur. Le récit n'a plus aucune progression linéaire, mais repose au contraire sur la répétition d'éléments narratifs, repris à chaque fois sous un angle différent. Le roman devient ainsi la somme des perceptions possibles d'une même réalité. L'espace se disloque, les repères temporels s'évanouissent dans la confusion du passé, du présent et du futur : le lecteur est perdu, il ne peut plus s'identifier aux personnages et à l'histoire racontée.

Vers la littérature contemporaine

Parfois redevable aux innovations du Nouveau Roman, le roman emprunte aujourd'hui de nombreuses voies, qu'il est encore difficile de répertorier : fictions de toutes sortes, heroic fantasy, témoignages, biographies, autobiographies, autofictions…

La diversité du genre illustre mieux que jamais la très grande liberté de la forme romanesque, qui, en dépit des différents courants littéraires à travers les siècles, ne s'est jamais démentie.

Une forme émergente : le roman graphique

Cousin de la bande dessinée, le « **roman graphique** » est la traduction littérale du terme « graphic novel » que l'on doit à l'auteur américain Will Eisner, à l'occasion de la publication de *A Contract with God* en 1978.

Dans les années 1980, le terme est utilisé pour démarquer de la norme certaines productions de bandes dessinées et leur donner une plus grande liberté formelle ou thématique.

Par la suite, des auteurs comme Hugo Pratt, Art Spiegelman ou encore Marjane Satrapi contribuent à la reconnaissance culturelle de ce nouveau genre. Ils mêlent la grande Histoire à l'histoire individuelle dans des récits à tendance autobiographique (voir bibliographie).

Aujourd'hui, le genre du roman graphique ne cesse d'élargir son champ d'expérimentation, entre fiction et réalité : récits biographiques et autobiographiques, adaptations littéraires, reportages, essais…

4. Le genre de la nouvelle

Historique

À la fin du Moyen Âge, la traduction en Français du *Décaméron* de l'Italien Boccace, œuvre constituée de dix récits répartis sur dix journées, remplace le fabliau.

Au XVIe siècle, Marguerite de Navarre s'inspire de Boccace et fait paraître ses nouvelles dans un ouvrage resté inachevé, *L'Heptaméron* (1559, posth.).

En français moderne, « **nouvelle** » est plus précis que « récit », « narration ». En tant que genre littéraire, la nouvelle se distingue du conte par son contenu, et du roman par son ampleur.

Le genre se développe particulièrement au XIXe siècle, avec des auteurs illustres tels que Flaubert ou Maupassant (voir bibliographie). Outre le registre réaliste, le **registre fantastique**, à la frontière du réel et du surnaturel, est particulièrement prisé. Edgar Allan Poe, notamment, devient un maître du genre.

La nouvelle poursuit son essor au XXe siècle, et connaît aujourd'hui un succès grandissant : sa courte forme convient sans doute bien aux contraintes de temps imposées par notre vie contemporaine.

Les caractéristiques du genre

Quelques rappels s'imposent pour définir la nouvelle en tant que genre :

- Brièveté du récit.
- Récit organisé autour d'un seul événement.
- Peu de personnages, peu de descriptions (comme dans les contes).
- Absence de contexte historique et social.
- Chute à la fin du récit, le plus souvent.

5. L'autobiographie

Historique

Au XVIIIe siècle, Rousseau fonde le genre de l'autobiographie au sens moderne du terme avec l'écriture des *Confessions* (1765-1770). La reconstruction du passé différencie cette œuvre autobiographique du journal intime, genre auquel se rattachaient plutôt les *Essais* de Montaigne (1580-1588). Le *Préambule* des *Confessions* annonce clairement le projet de Rousseau : « Je forme une entreprise qui n'eut jamais d'exemple et dont l'exécution n'aura point d'imitateur. Je veux montrer à mes semblables un homme dans toute la vérité de la nature ; et cet homme ce sera moi ». Au XIXe siècle, le mouvement romantique exalte le « moi » individuel et les « récits de vie » connaissent un grand essor. De nombreux auteurs entreprennent d'écrire leurs autobiographies, tels Chateaubriand (*Mémoires d'outre-tombe*) et Stendhal (*Vie de Henri Brulard*). L'auteur des *Mémoires d'outre-tombe* évoque de manière expressive les affres de la solitude :

> « Je parlais peu, je ne parlai plus ; j'étudiais encore, je jetai là les livres ; mon goût pour la solitude redoubla. J'avais tous les symptômes d'une passion violente. Mes yeux se creusaient ; je maigrissais ; je ne dormais plus ; j'étais distrait, triste, ardent, farouche.
>
> Mes jours s'écoulaient d'une manière sauvage, bizarre, insensée, et pourtant pleine de délices. »

En outre, on notera que le genre des **mémoires** ajoute une dimension historique au simple récit autobiographique : l'histoire individuelle interfère alors avec la grande Histoire. Au XXe siècle, le développement de la psychanalyse a une incidence majeure sur le genre autobiographique. La notion d'inconscient remet en cause la sincérité proclamée du narrateur. Le « moi » est moins simple à saisir qu'on ne le pensait, l'introspection s'avère un exercice difficile. Au XXIe siècle, les récits autobiographiques se multiplient et se diversifient. Le genre de l'**autofiction** est en pleine expansion. On doit le terme à Serge Doubrovsky lors de la publication de son récit *Fils* en 1977. Une autofiction mêle le récit réel de la vie de l'auteur et un récit fictif inspiré par l'expérience vécue. Christine Angot, Catherine Cusset, Amélie Nothomb et Annie Ernaux sont considérées comme des auteures d'autofictions.

Caractéristiques du genre

Le pacte autobiographique

Dans une autobiographie, les trois instances narratives se confondent. L'auteur est à la fois le narrateur et le personnage.

Dans l'incipit, selon l'analyse de Philippe Lejeune, l'auteur garantit par le **pacte autobiographique** la coïncidence entre ces trois instances narratives. L'auteur promet que le « je » du narrateur renvoie bien à lui-même et au personnage dont la vie va être racontée. Il s'engage à être sincère et demande au lecteur, en retour, de le croire. Seuls les problèmes involontaires de mémoire peuvent altérer ce pacte.

La narration intercalée

L'alternance entre le présent de l'écriture et le passé des événements est typique du récit Autobiographique. Le narrateur raconte les événements de sa vie passée, puis les commente au présent, au moment où il écrit. Ainsi, dans ses *Confessions*, Rousseau nous raconte au passé l'épisode où il fut injustement accusé d'avoir cassé le peigne de Mlle Lambercier. Puis il nous livre au présent les réflexions que ce souvenir suscite :

> « J'étudiais un jour seul ma leçon dans la chambre contiguë à la cuisine. La servante avait mis à sécher à la plaque les peignes de Mlle Lambercier. Quand elle revint les prendre, il s'en trouva un dont tout un côté de dents était brisé. À qui s'en prendre de ce dégât ? personne d'autre que moi n'était rentré dans la chambre. [...]
>
> Il y a maintenant près de cinquante ans de cette aventure, et je n'ai pas peur d'être aujourd'hui puni derechef pour le même fait. Eh bien, je déclare à la face du Ciel que j'en étais innocent, que je n'avais ni cassé, ni touché le peigne, que je n'avais pas approché de la plaque, et que je n'y avais même pas songé. Qu'on ne me demande pas comment ce dégât se fit : je l'ignore et ne puis le comprendre ; ce que je sais très certainement, c'est que j'en étais innocent. »

6. Prolongement artistique et culturel autour de l'étude d'un roman naturaliste, *La Bête humaine de Zola* (1890)

La Gare Saint-Lazare, de Monet (1877) : description naturaliste et technique impressionniste

Dans la troisième exposition impressionniste de 1877, Claude Monet affiche clairement une inspiration urbaine et moderne. Il consacre une toile au pont de l'Europe, comme le peintre Caillebotte, et neuf toiles à la gare Saint-Lazare.

Zola commente avec fascination le choix de ce dernier thème :

> « M. Monet [...] a exposé cette année des intérieurs de gare superbes. On y entend le grondement des trains qui s'engouffrent, on y voit des débordements de fumée qui roulent sous de vastes hangars. Là est aujourd'hui la peinture dans ses cadres modernes d'une si belle largeur. »

Quelques années plus tard, dans l'incipit de *La Bête Humaine* (1890), Zola reprend à son tour la description du quartier de l'Europe, quartier neuf issu des travaux d'Haussmann et construit autour de la gare Saint-Lazare. La gare Saint-Lazare est la première gare parisienne et connaît une forte expansion à cette époque. Avec ses vastes verrières, elle est le symbole par excellence de la modernité industrielle. La description de Zola s'inspire du tableau de Monet. L'écrivain emprunte au peintre les « marquises [...] aux vitrages enfumés », les effets de lumière et les mouvements des trains. L'insistance sur les jets de vapeur rappelle le panache bleu du tableau, le flou qui envahit l'espace :

> « Puis, avant la mise en marche, il y eut un silence, les purgeurs furent ouverts, la vapeur siffla au ras du sol, en un jet assourdissant. Et il vit alors déborder du pont cette blancheur qui foisonnait, tourbillonnante comme un duvet de neige, envolée à travers les charpentes de fer. Tout un coin de l'espace en était blanchi, tandis que les fumées accrues de l'autre machine élargissaient leur voile noir. »

De plus, Zola fait endosser la description par le regard de Roubaud, qui travaille dans le monde ferroviaire et qui, mieux que quiconque, est apte à faire une description minutieuse de cet univers. Cette subjectivité du point de vue rappelle la technique revendiquée par les peintres impressionnistes.

Ils n'ont pas la prétention de peindre une réalité objective et ils veulent au contraire représenter la manière dont celle-ci est perçue par un sujet.

La Bête humaine, film de Jean Renoir (1938)

La Bête humaine est une adaptation filmique de l'œuvre éponyme d'Émile Zola. Comme le roman, le film nous plonge dans le milieu des chemins de fers. La séquence d'ouverture projette le spectateur sur une locomotive à vapeur aux côtés du mécanicien Jacques Lantier, magistralement incarné par Jean Gabin. La veine réaliste du roman est ainsi respectée. Toutefois, Jean Renoir transpose l'action du récit à l'époque contemporaine au lieu du Second Empire. Par ailleurs, il allège le caractère foisonnant de l'intrigue en supprimant certains éléments de l'histoire : la jalousie de Flore et l'accident de train, la Croix-de-Maufras. Enfin, la fin du film est différente de celle imaginée par Zola. Dans le roman, Pecqueux et Jacques se bagarrent sur la locomotive en marche et finissent par mourir tous les deux sous les roues du train. Dans le film, sur la plateforme de *La Lison*, Jacques avoue à Pecqueux qu'il a tué Séverine, puis il se suicide en se jetant du train.

Bibliographie commentée sur le roman

Deux œuvres seront intégralement étudiées en classe au cours de l'année : un roman et, par ailleurs, un recueil de nouvelles, ou un récit de voyage, ou une autobiographie, un journal… La lecture cursive d'au moins un roman ou récit d'une autre période est à intégrer dans le carnet personnel de lectures et de formation culturelle de l'élève.

XVIIIe siècle

- *La Vie de Marianne*, Marivaux : le prétendu manuscrit de la vie de Marianne, qui raconte sa propre histoire, celle d'une pauvre orpheline devenue apprentie lingère, et à qui font la cour un vieillard, Monsieur de Climal, et un jeune homme, monsieur de Valville…
- *Manon Lescaut*, L'abbé Prévost : une histoire d'amour romanesque, la passion impossible du chevalier des Grieux pour la volage Manon, racontée à la première personne par le chevalier lui-même…

XIXe siècle

- *Notre-Dame de Paris*, Victor Hugo : l'auteur fait revivre l'époque médiévale, chère au cœur des Romantiques. L'envoûtante Esméralda déchaîne les passions, celles de Quasimodo, le Bossu de Notre-Dame, et de l'impitoyable Frollo…
- *Le Rouge et le Noir*, Stendhal, sous-titré *Chronique de 1830* : le parcours difficile de Julien Sorel, fils de charpentier. On suit les étapes de sa vie : ses premiers émois amoureux avec Madame de Rênal, ses ambitions ; son passage au séminaire ; sa passion pour Mathilde de la Mole ; et pour finir, le procès qui décidera de son sort…
- *La Peau de chagrin*, Balzac : vaut-il mieux avoir une vie brève et intense, ou longue et ennuyeuse ? C'est à ce cruel dilemme que sera confronté le héros, Raphaël de Valentin, aux prises avec les pouvoirs magiques d'une mystérieuse peau, qui rétrécit et abrège sa vie à chaque fois qu'un de ses désirs se réalise…
- *Eugénie Grandet*, Balzac : l'avarice du Père Grandet gagnera sa fille et lui gâchera la vie…
- *Le Père Goriot*, Balzac : sous l'œil étonné du jeune Rastignac, qui découvre les rouages de la société parisienne, la lente agonie d'un homme qui a tout sacrifié à ses ingrates filles…
- *Madame Bovary*, Flaubert : Emma Bovary est victime de lectures trop romanesques qui l'incitent à chercher dans la vraie vie ce qu'elle a lu dans ses livres… Trouvera-t-elle le prince charmant de ses rêves ?

- *Thérèse Raquin*, Zola : la tragique histoire d'une femme et de son amant qui tuent le mari dans l'espoir de vivre tranquilles et heureux…
- *L'Assommoir*, Zola : l'auteur décrit avec réalisme les conditions de vie de la classe ouvrière au XIXe siècle, à travers l'histoire de Gervaise, qui n'échappera pas aux fléaux de la misère et de l'alcool…
- *Germinal*, Zola : le roman des mineurs, qui essaient de se révolter contre leur sort, contre l'exploitation des plus pauvres par les plus riches…
- *Bel Ami*, Maupassant : ou comment réussir avec un physique de beau garçon et une bonne dose de cynisme…

XXe siècle

- *La Peste*, Camus : la lutte du docteur des Rieux contre un fléau qui représente le Mal sous toutes ses formes…
- *La Symphonie pastorale*, Gide : la touchante histoire d'amour entre un pasteur et une jeune fille aveugle qu'il a recueillie…
- *Le Sagouin*, Mauriac : la tragique histoire d'un enfant mal-aimé par sa mère…
- *L'Écume des jours*, Boris Vian : une belle et tragique histoire d'amour dans un univers plein de fantaisie et de poésie…
- *Les Gommes*, Robbe-Grillet : un labyrinthe qui nous entraîne dans l'univers du Nouveau Roman…
- *Si par une nuit d'hiver un voyageur*, Italo Calvino : un curieux roman, où l'histoire recommence à chaque chapitre…
- *Enfance*, Nathalie Sarraute : l'autobiographie de l'auteur, par petites touches…
- *Un barrage contre le Pacifique*, Marguerite Duras : le combat désespéré d'une mère pour sauver à tout prix la terre qu'elle veut léguer à ses deux enfants…

XXIe siècle

- *Neige*, Maxence Fermine : à la fin du XIXe siècle, au Japon, un jeune homme essaie de percer tous les secrets d'un art difficile, celui du haïku…
- *Un secret*, Philippe Grimbert : un tragique secret de famille ramène le narrateur au temps de l'Holocauste…
- *Grâce et Dénuement*, Alice Ferney : une bibliothécaire fait découvrir la magie des livres aux enfants du voyage. Elle découvre en retour le monde des Gitans…
- *Balzac et La Petite Tailleuse chinoise*, Dai Sijie : dans les années 1970, durant la révolution culturelle chinoise, deux lycéens citadins sont exilés dans un village de montagne pour y être « rééduqués »… La lecture des livres interdits permet aux deux adolescents de s'évader par l'imagination et de séduire la fille

du tailleur… *Acide sulfurique*, Amélie Nothomb : jusqu'où peut aller la télé réalité ? Les spectateurs ont droit de vie ou de mort sur les détenus d'un camp de concentration… Une réflexion dérangeante sur notre monde contemporain !

- *La Petite Chartreuse*, Pierre Péju : un libraire renverse une petite fille avec sa camionnette. Hospitalisée, elle tombe dans le coma. Le libraire lui rend visite. Il tente de la ramener à la vie en lui lisant ses livres préférés…
- *La petite fille de M. Linh*, Philippe Claudel : l'histoire touchante d'un vieil homme qui a tout perdu, sauf sa petite fille qu'il dorlote avec amour…
- *Le Rapport de Brodeck*, Philippe Claudel : l'enquête sur un sombre meurtre dans un village de l'après-guerre…
- *L'Attentat*, Yasmina Khadra : À Tel-Aviv, un médecin mène l'enquête sur une kamikaze qui se révèle être sa propre femme…
- *Eldorado*, Laurent Gaudé : le sort tragique des émigrants qui risquent leur vie sur des bateaux de fortune pour atteindre l'Eldorado des côtes italiennes… Un sujet brûlant d'actualité !
- *La mort du Roi Tsongor*, Laurent Gaudé : une belle légende dans une Antiquité imaginaire : deux héros se font la guerre pour obtenir la main d'une jolie princesse…
- *Je vais bien, ne t'en fais pas*, Olivier Adam : une jeune fille, Claire, part sur les traces de son frère disparu depuis deux ans…
- *Le cœur régulier*, Olivier Adam : Sarah se rend au Japon pour tenter délucider la mort de son frère Nathan…
- *Ulysse from Bagdad*, Eric-Emmanuel Schmitt : l'odyssée moderne d'un jeune Irakien, Saad Saad, qui quitte son pays en guerre pour gagner l'Angleterre…
- *La ballade de Lila K*, Blandine Le Callet : le douloureux et émouvant parcours de Lila jusqu'au bonheur…

Bibliographie sur la nouvelle

XIXe siècle

- *Histoires extraordinaires*, Edgar Allan Poe
- *Les Diaboliques*, Barbey d'Aurévilly, en particulier « L'Ensorcelée »
- *Trois contes*, Flaubert, en particulier « Un Cœur simple »
- *Boule de Suif et autres récits de guerre*, Maupassant
- *La Parure*, Maupassant
- *Le Horla* et autres récits fantastiques, Maupassant

- *Contes : scènes de la vie de Province*, Maupassant
- *Nantas*, Zola

XXᵉ siècle

- *Le Silence de la mer*, Vercors
- *Un remède à la mélancolie*, Ray Bradbury
- *Nouvelles orientales*, Marguerite Yourcenar
- *Le K*, Dino Buzzati
- *Les Fourmis*, Boris Vian
- *La ronde et autres faits divers*, Le Clézio
- *Mieux vaut en rire*, Roald Dahl

XXIᵉ siècle

- *La guerre est déclarée* et autres nouvelles, Annie Saumont
- *Voyages en terres inconnues*, Laurent Gaudé

Bibliographie commentée sur l'autobiographie et l'autofiction

XVIIIᵉ siècle

- *Confessions*, Rousseau : pour mieux connaître Jean-Jacques…
- *Les Rêveries du promeneur solitaire*, Rousseau : le journal des rêveries de Rousseau…

XIXᵉ siècle

- *Mémoires d'Outre-tombe*, Chateaubriand : une vie érigée en monument éternel…

XXᵉ siècle

- *Le Livre de ma mère*, Albert Cohen : à travers l'évocation de la mère de l'auteur, un magnifique hommage rendu aux mères du monde entier…
- *W* ou *Le Souvenir d'enfance*, Georges Perec : la trame trouée de la vie de l'auteur alterne avec une histoire qu'il avait écrite à l'âge de treize ans…
- *Enfance*, Nathalie Sarraute : l'autobiographie de l'auteur, par petites touches
- *La Place*, Annie Ernaux : comment l'auteure pourra-t-elle « trouver sa place » alors que les études l'éloignent chaque jour un peu plus de ses parents et de son modeste milieu d'origine ?

XXIe siècle

- *Métaphysique des tubes*, Amélie Nothomb : une autobiographie inédite et savoureuse, où l'auteur prend la parole dès sa naissance pour nous raconter sa petite enfance au Japon jusqu'à l'âge de six ans…
- *Stupeur et tremblements*, Amélie Nothomb : à la fin de ses études, Amélie retourne au Japon pour effectuer un stage dans une grande entreprise du pays. Confrontée à de nouveaux codes, elle n'est pas au bout de ses surprises, et le lecteur non plus…
- *Un amour impossible*, Christine Angot : Christine a une enfance apparemment heureuse avec sa mère Rachel. Elle voit son père de temps à autre. De ces visites épisodiques provient le drame qui modifiera à jamais sa relation avec sa mère…
- *D'après une histoire vraie*, Delphine de Vigan : « Je voudrais raconter comment L. est entrée dans ma vie… ». Ainsi commence un récit qui perd le lecteur entre fiction et réalité…

Romans graphiques

- *La Ballade de la mer salée*, Hugo Pratt : le récit, sur fond de piraterie et de Première Guerre mondiale fait apparaître pour la première fois Corto Maltese, personnage appelé à une longue carrière…
- *Maus*, Art Spiegelman : un récit qui mêle l'Histoire de la Shoah en Pologne et l'histoire de cette transmission entre l'auteur et son père rescapé des camps de la mort.
- *Persepolis*, Marjane Satrapi : on suit les étapes marquantes de la vie de l'auteure, de son enfance à Téhéran durant la révolution islamique, à sa venue en Europe à l'âge adulte.

  À noter : le récit a été adapté en long métrage d'animation.
- *L'Arabe du futur, une jeunesse au Moyen Orient*, Riad Sattouf : l'auteur nous conte sa jeunesse en Lybie et en Syrie, sur fond de dictatures de Khadafi et d'Assad…

Bandes dessinées : adaptations de récits littéraires

- *À la recherche du temps perdu*, adaptation du récit de Proust par Stéphane Heuet
- *L'étranger*, adaptation du récit de Camus par Jacques Ferrandez

Récits de voyage

- *Journal de bord*, de Christophe Colomb dans *Histoires générales des Indes*, de Las Casas
- *Voyage autour du monde*, Bougainville : journal de bord du célèbre explorateur qui a laissé son nom au bel arbuste coloré, le « bougainvillier ».
- *Voyage au centre de la terre*, Jules Verne : journal de bord fictif
- *L'été grec*, Jacques Lacarrière : c'est au cours de plusieurs années et de plusieurs voyages que l'auteur va entrer dans le monde grec, entre passé et présent…

Écrit d'appropriation

Lire et laisser des traces…

Exemple de fiche de lecture (à insérer dans le carnet personnel de lectures)

I. L'identité du livre

- Titre : à préciser et à expliquer.
- Auteur : situer l'époque, le mouvement littéraire auquel il appartient…
- Genre littéraire : roman / nouvelle / théâtre…
- Registre : réaliste / fantastique / tragique…

En bref : vous ferez un résumé qui invite à la découverte du livre. Contrainte : une seule phrase.

II. Portrait chinois : si c'était… ce serait

une couleur / une musique / un objet / un animal / une odeur / un végétal / un bruit / autre chose, à votre gré…

III. Cinq mots

Vous choisirez les cinq mots qui, pour vous, évoquent le mieux le livre.

IV. Une phrase

Vous citerez une phrase du livre qui le représente le mieux.

V. Un personnage

Vous présenterez l'un des personnages, pas forcément le personnage principal, éventuellement en le faisant parler au lecteur qui doit faire plus ample connaissance avec lui. Contrainte : une demi-page au maximum.

VI. Une question que j'aurais aimé poser à l'auteur

Si vous aviez pu rencontrer l'auteur de ce livre, quelle question auriez-vous aimé lui poser ?

Sans oublier les indispensables droits du lecteur, de Daniel Pennac

1. Le droit de ne pas lire
2. Le droit de sauter des pages.
3. Le droit de ne pas finir un livre.
4. Le droit de relire.
5. Le droit de lire n'importe quoi.
6. Le droit au bovarysme.
7. Le droit de lire n'importe où.
8. Le droit de grappiller
9. Le droit de lire à voix haute.
10. Le droit de nous taire.

Questionnaire d'histoire littéraire sur le récit

(auto-correction : toutes les réponses sont dans le chapitre) :

1. Quelle est l'origine du mot « roman » ?
2. Comment les romanciers du XVIIIe siècle donnent-ils plus de vraisemblance au roman ? Pourquoi ? Citez au moins un exemple.
3. Quelles sont les caractéristiques du personnage romanesque au XIXe siècle ?
4. Qu'est-ce qu'un « roman d'apprentissage » ? Donnez-en au moins deux exemples.
5. Comment les écrivains naturalistes donnent-ils une orientation plus scientifique à leur travail de romancier ? Citez au moins un auteur caractéristique de cette tendance.
6. Quelles sont les caractéristiques du Nouveau Roman par rapport au roman traditionnel ?
7. Citez au moins deux auteurs importants du Nouveau Roman, et un exemple de leurs œuvres.
8. Dans quelle mesure la tâche du lecteur devient-elle plus ardue au XXe siècle ?
9. Quelles sont les différences entre un roman et une nouvelle ?
10. Quelles sont les caractéristiques de l'autobiographie ?

Énoncés des exercices

* Exercice 1

Dans le passage suivant, extrait des *Confessions* de Rousseau, repérez les temps des verbes, et justifiez-les :

> « Je ne trouvai point Mme de Warens ; on me dit qu'elle venait de sortir pour aller à l'église. C'était le jour des Rameaux de l'année 1728. Je cours pour la suivre : je la vois, je l'atteins, je lui parle… Je dois me souvenir du lieu ; […]. Que ne puis-je entourer d'un balustre d'or cette heureuse place ! Que n'y puis-je attirer les hommages de toute la terre ! Quiconque aime à honorer les monuments du salut des hommes n'en devrait approcher qu'à genoux. »

** Exercice 2

Dans le passage suivant, extrait de *L'Éducation sentimentale* de Flaubert (II, 6), repérez les différents types de discours rapportés, et justifiez-les.

> « Et il lui rappela qu'une fois, ils étaient sortis ensemble, par un crépuscule d'hiver, un temps de brouillard. Tout cela était bien loin maintenant ! Qui donc l'empêchait de se montrer à son bras, devant tout le monde, sans crainte de sa part, sans arrière-pensée de la sienne, n'ayant personne autour d'eux pour les importuner ?
>
> – « Soit ! » dit-elle, avec une bravoure de décision qui stupéfia d'abord Frédéric. »

** Exercice 3

Dans ce passage extrait de *Le Rouge et le Noir* de Stendhal, relevez les types de points de vue (= focalisations) que vous reconnaissez, et justifiez-les :

> « Avec la vivacité et la grâce qui lui étaient naturelles quand elle était loin des regards des hommes, Mme de Rênal sortait par la porte-fenêtre du salon qui donnait sur le jardin, quand elle aperçut près de la porte d'entrée la figure d'un jeune paysan presque encore enfant, extrêmement pâle et qui venait de pleurer. »

** Exercice 4

En comparant l'incipit et l'épilogue de *Bel Ami* de Maupassant, essayez de voir le chemin accompli par le héros.

Incipit :

« Quand la caissière lui eut rendu la monnaie de sa pièce de cent sous, Georges Duroy sortit du restaurant.

Comme il portait beau, par nature et par pose d'ancien sous-officier, il cambra sa taille, frisa sa moustache d'un geste militaire et familier, et jeta sur les dîneurs attardés un regard rapide et circulaire, un de ces regards de joli garçon qui s'étendent comme des coups d'épervier.

Les femmes avaient levé la tête vers lui, trois petites ouvrières, une maîtresse de musique entre deux âges, mal peignée, négligée, coiffée d'un chapeau toujours poussiéreux et vêtue d'une robe toujours de travers, et deux bourgeoises avec leurs maris, habituées de cette gargote à prix fixe.

Lorsqu'il fut sur le trottoir, il demeura un instant immobile, se demandant ce qu'il allait faire. On était le 28 juin, il lui restait juste en poche trois francs quarante pour finir le mois. Cela représentait deux dîners sans déjeuners, ou deux déjeuners sans dîners, au choix. [...] »

Épilogue : Georges Du Roy sort de l'église de la Madeleine où il vient de se marier avec Suzanne. Mme de Marelle est une de ses anciennes maîtresses.

« Lorsqu'il parvint sur le seuil, il aperçut la foule amassée, une foule noire, bruissante, venue là pour lui, pour lui Georges Du Roy. Le peuple de Paris le contemplait et l'enviait.

Puis, relevant les yeux, il découvrit là-bas, derrière la place de la Concorde, la Chambre des députés. Et il lui sembla qu'il allait faire un bond du portique de la Madeleine au portique du Palais-Bourbon.

Il descendit avec lenteur les marches du haut perron entre deux haies de spectateurs.

Mais il ne les voyait point ; sa pensée maintenant revenait en arrière, et devant ses yeux éblouis par l'éclatant soleil flottait l'image de Mme de Marelle rajustant en face de la glace les petits cheveux frisés de ses tempes, toujours défaits au sortir du lit. »

** Exercice 5

Quels sont les éléments réalistes de ce passage extrait du début de *L'Œuvre* de Zola ?

« Du reste, Claude n'avait plus que quelques pas à faire. Comme il tournait sur le quai de Bourbon, dans l'île Saint-Louis, un vif éclair illumina la ligne droite et plate des vieux hôtels rangés devant la Seine, au bord de l'étroite chaussée. La réverbération alluma les vitres des hautes fenêtres sans persiennes, on vit le grand air triste des antiques façades, avec des détails très nets, un balcon de pierre, une rampe de terrasse, la guirlande sculptée d'un fronton. C'est là que le

Exercices

peintre avait son atelier, dans les combles de l'ancien hôtel du Martoy, à l'angle de la rue de la Femme-sans-tête. Le quai entrevu était aussitôt retombé aux ténèbres, et un formidable coup de tonnerre avait ébranlé le quartier endormi. »

*** Exercice 6

Voici l'incipit d'un roman de Nathalie Sarraute, *Les Fruits d'or* (1963). Quels sont les éléments qui distinguent ce passage d'un début de roman traditionnel ? (repères spatio-temporels, présentation des personnages, amorce d'une histoire…)

> « – Oh écoute, tu es terrible, tu pourrais faire un effort… j'étais horriblement gênée…
>
> – Gênée ? Qu'est-ce que tu vas encore chercher ? Pourquoi gênée, mon Dieu ?
>
> – C'était terrible quand il a sorti cette carte postale… la reproduction… Si tu avais vu avec quel air tu l'as prise… Tu me l'as passée sans la regarder, tu as à peine jeté un regard… Il avait l'air ulcéré…
>
> – Ulcéré… voyez-vous ça… Il était ulcéré parce que je ne me suis pas extasié comme ils font tous, parce que je ne me suis pas prosterné…
>
> Face contre terre au même moment, extases, chœurs, bêlements… merveilleux synchronisme… Ils sont étonnants… la main enfoncée dans l'ouverture du veston sort… mais il aurait fallu être satisfait comme le médecin qui hésitait encore et qui voit surgir à point nommé le petit bouton, la légère éruption, il aurait fallu se réjouir quand il a sorti cela de la poche intérieure de son veston, là, tout contre son cœur, et l'a tendu, l'œil gourmand, savourant l'effet… vous avez vu ça… ce Courbet… Admirable. Regardez…
>
> – C'était drôle. Il est tordant. Tu sais que c'est exactement la même reproduction qu'ils ont tous chez eux, qu'ils portent tous sur eux en ce moment. »

Nathalie Sarraute, *Les Fruits d'or*, Éditions Gallimard.

*** Exercice 7

Repérez les trois instances narratives de l'incipit des *Souvenirs pieux*, de Marguerite Yourcenar (1974). Qu'en concluez-vous ?

> « L'être que j'appelle moi vint au monde un certain lundi 8 juin 1903, vers les 8 heures du matin, à Bruxelles, et naissait d'un Français appartenant à une vieille famille du Nord, et d'une Belge dont les ascendants avaient été durant quelques siècles établis à Liège, puis s'étaient fixés dans le Hainaut.
>
> La maison où se passait cet événement, puisque toute naissance en est un pour le père et la mère et quelques personnes qui leur tiennent de près, se trouvait située au numéro 193 de l'avenue Louise, et a disparu il y a une quinzaine d'années, dévorée par un building. »

Marguerite Yourcenar, *Souvenirs pieux*, Éditions Gallimard.

Corrigés des exercices

Exercice 1

- « trouvai », « dit » : passé simple de l'indicatif ; succession d'actions dans le passé.
- « voulait » : imparfait de l'indicatif, imposé par la concordance des temps.
- « cours », « vois », « atteins », parle » : indicatif, présent de narration pour mettre en relief le moment de la rencontre.
- « dois », « puis » : indicatif, présent d'énonciation qui renvoie au moment où Rousseau écrit ses *Confessions.*
- « aime » : indicatif, présent de vérité générale ; Rousseau généralise son expérience.

Exercice 2

- « Il lui rappela qu'une fois, ils étaient sortis ensemble « : discours indirect ; on passe du récit au discours.
- « Tout cela était bien loin maintenant ! Qui donc l'empêchait [...] pour les importuner ? » : discours indirect libre : le narrateur donne à entendre la voix de Frédéric au milieu du récit.
- « Soit ! » : discours direct qui donne plus d'importance au propos de Madame Arnoux et à sa détermination.

Exercice 3

- « Avec la vivacité et la grâce [...] jardin » : point de vue du narrateur omniscient ou focalisation zéro, caractéristique du roman réaliste
- « quand elle aperçut [...] pleurer » : point de vue interne ou focalisation interne. La description passe par le regard du personnage (« aperçut »). Le regard de madame de Rênal est particulièrement important puisqu'il s'agit de sa première rencontre avec Julien Sorel.

Exercice 4

L'étude comparative entre l'incipit et l'épilogue de *Bel Ami*, de Maupassant, peut se faire sous forme de tableau :

Éléments comparés	Incipit	Épilogue
Nom du personnage	Georges Duroy	Georges Du Roy : changement de nom ; anoblissement.
Lieux	« gargote » : restaurant bon marché fréquenté par les ouvrières.	Église de la Madeleine : église très célèbre de Paris, qui devient un rendez-vous mondain à l'occasion du mariage de Georges Du Roy.
Position sociale	Précarité, pauvreté	Reconnaissance sociale ; assimilation du personnage à un roi : une foule nombreuse est venue assister à son mariage.
Ambitions	Possibles conquêtes féminines : son physique avantageux de « joli garçon » lui attire les regards de la gente féminine. Attitude conquérante, malgré sa situation précaire : « comme il portait beau [...] qui s'étendent comme des coups d'épervier. »	Ambitions politiques suggérées par des lieux symboliques comme « derrière la place de la Concorde, la Chambre des députés », « le Palais-Bourbon ». Reconquêtes féminines : image de Madame de Marelle.

Exercice 5

- Utilisation des noms propres : « Claude », « quai de Bourbon », « l'île Saint-Louis » « la Seine », « l'ancien hôtel du Martoy », « la rue de la Femme-sans-tête ».

  La plupart de ces noms propres renvoient à des lieux parisiens qui existent réellement, ce qui accentue l'ancrage réaliste du roman. On peut suivre l'itinéraire du personnage.

  « Claude » est un nom fictif, mais qui donne l'illusion du réel.

- Utilisation de détails dans la description des bâtiments : « on vit le grand air triste des antiques façades, avec des détails très nets, [...]. »

  De nombreux adjectifs qualificatifs sont employés pour préciser la description : « hautes », « grand », « triste », « antique », « nets », « sculptée »...

Exercice 6

Les repères spatio-temporels de l'incipit traditionnel disparaissent. Ni le lieu ni l'époque ne sont précisés.

La présentation des personnages ne passe plus par la description d'un narrateur. Elle se fait à travers un dialogue entre un « je » et un « tu », à propos d'un « il » sur lequel on a peu d'éléments (« il a sorti cette carte postale… la reproduction… », « Il avait l'air ulcéré », « il a sorti cela de la poche intérieure de son veston », « vous avez vu ça… ce Courbet… »).

Le « je » féminin, « gênée », reproche au « tu » masculin de ne pas jouer le jeu social (« tu as à peine jeté un regard »). Le « tu » refuse effectivement de jouer la comédie sociale (« je ne me suis pas extasié comme ils le font tous », « face contre terre au même moment, extases, chœurs, bêlements »…).

Cet incipit ne livre pas le début d'une histoire. Le lecteur comprend tout au plus qu'il s'agit de gens cultivés (référence à Courbet), qui font cercle autour du « il », avec obséquiosité. Le personnage exhibe une carte postale comme un objet rare, alors qu'il cède à un phénomène de mode (« c'est exactement la même reproduction qu'ils ont tous chez eux, qu'ils portent tous sur eux en ce moment. »). Le « je » souligne le caractère absurde de la scène (« C'était drôle. Il est tordant. »).

Le récit s'ouvre donc sur une critique du conformisme social et artistique.

Exercice 7

Le « je » représente à la fois l'auteur, le narrateur et le personnage. Il s'agit du début d'une autobiographie.

L'auteur garantit la coïncidence entre les trois instances narratives par le pacte autobiographique. Il atteste que le « je » du narrateur renvoie bien à lui-même : c'est sa propre vie qui va être racontée.

Au début des *Souvenirs pieux*, de Marguerite Yourcenar, la précision de la date et de l'heure de la naissance témoigne de l'identité de l'auteur (« l'être que j'appelle moi vint au monde un certain lundi 8 juin, vers les huit heures du matin »). La précision de la filiation va dans le même sens (« d'un Français appartenant à une vieille famille du Nord, et d'une Belge »).

4 La littérature d'idées et la presse du XIXᵉ siècle au XXIᵉ siècle

1. Le texte d'idées : rappels théoriques

Rappels théoriques sur le texte argumentatif

Thème et thèse

Il ne faut pas confondre le thème et la thèse dans un texte d'idées. Le **thème** est le sujet principal qui est traité. La **thèse** est l'opinion défendue par l'énonciateur (= celui qui parle). Exemple : Le thème de l'éducation peut être traité dans un texte. L'affirmation selon laquelle « l'éducation doit poser des limites » est une thèse proposée sur ce thème.

Arguments et exemples

Les **arguments** sont les preuves qui permettent de soutenir (= étayer) une thèse.

Les **exemples** illustrent les arguments.

« Lire permet de s'évader du quotidien » est un argument en faveur de la lecture.

Le best-seller *Harry Potter* de J.K. Rowling, qui plonge le lecteur dans le monde imaginaire de l'école des sorciers, est un exemple qui illustre cet argument.

Les indices d'énonciation

Les **indices d'énonciation** renseignent sur la situation d'argumentation.

Ils comprennent :

1. Les pronoms de 1ʳᵉ et de 2ᵉ personnes : je, nous, tu, vous… Ils répondent aux questions : « Qui parle ? À qui ? ».
2. Les repères de temps et de lieu

   Ils permettent de préciser « Où ? » et « Quand ? » se situe l'argumentation, dans quel contexte.
3. Les marques de jugement, ou **modalisateurs**

   Ils permettent de comprendre l'opinion défendue par l'énonciateur.

Les adjectifs valorisants ou dévalorisants (« beau », « magnifique », « laid », « horrible »), les adverbes (« heureusement », « malheureusement »…), l'emploi du conditionnel (« il se pourrait que… ») sont les modalisateurs les plus courants.

Le registre polémique

Le terme polémique est emprunté au grec « polemikos » qui signifie « qui concerne la guerre », « disposé à la guerre ». Par affaiblissement, il a développé son sens actuel de « qui appartient à la dispute, au débat ».

Le registre polémique caractérise les textes argumentatifs, car l'argumentation implique toujours l'existence d'un débat, c'est-à-dire la confrontation de deux thèses opposées.

Un texte argumentatif suppose donc non seulement la présence de la thèse défendue, mais aussi celle de la thèse rejetée ou réfutée. La thèse réfutée peut être exprimée de façon explicite ou implicite.

Les différents types d'arguments et de raisonnement – Les connecteurs logiques

Les types d'arguments

Il existe différents types d'arguments. Voici les plus courants :

L'argument d'autorité

Il s'agit de renforcer l'argumentation par une citation connue, les propos d'un personnage célèbre, un proverbe…

Voici par exemple les propos de Racine dans sa Préface de *Bérénice* :

> « Il y avait longtemps que je voulais essayer si je pourrais faire une tragédie avec cette simplicité d'action qui a été si fort du goût des anciens. Car c'est un des premiers préceptes qu'ils nous ont laissés.
>
> Que ce que vous ferez, dit Horace, soit toujours simple, et ne soit qu'un. »

L'argument *ad hominem*

Il s'attaque à la personne même de l'adversaire.

On a ainsi beaucoup reproché à Rousseau d'avoir écrit un traité sur l'éducation, l'*Émile*, alors qu'il avait lui-même abandonné ses cinq enfants à l'Assistance publique (les Enfants Trouvés, à l'époque).

Les connecteurs logiques

Comme leur nom l'indique, ils servent à relier les arguments ou les thèses d'un texte selon un lien logique. Ce lien logique peut exprimer :

- La cause : « Puisque tu es grippé, tu n'iras pas à la fête. »
- La conséquence : « Tu es grippé, si bien que tu n'iras pas à la fête » (lien de cause à effet).
- La concession : « Certes tu es fatigué, mais tu iras tout de même travailler. »
- L'opposition : « Tandis que tu t'amuses à longueur d'année, ta cousine travaille pour réussir son examen »

Les types de raisonnement

Il existe différents types de raisonnements :

Le raisonnement déductif

Il part du cas général pour aller au cas particulier.

Exemple : le syllogisme est un cas particulier du raisonnement déductif :

> « Tous les hommes sont mortels ;
> Or, Socrate est un homme,
> Donc Socrate est mortel. »

Le raisonnement inductif

Inversement, il part du cas particulier pour aller au cas général.

C'est le principe de la démarche expérimentale en sciences. À partir d'une expérience particulière, on induit une loi générale.

Le raisonnement par analogie

Une analogie est une comparaison entre deux éléments. On rapproche un élément d'un autre pour mieux le faire comprendre :

> « Au dix-septième siècle, de même que le roi exerce une autorité absolue sur ses sujets, le père a tout pouvoir sur les membres de sa famille. »

La concession

On admet certains éléments de la thèse adverse, avant de la contester.

Voltaire procède de cette manière dans sa *Lettre à Rousseau*, publiée en 1755 :

> « Je conviens avec vous que les belles-lettres et les sciences ont causé quelquefois beaucoup de mal. Les ennemis du Tasse firent de sa vie un tissu de malheurs ; ceux de Galilée le firent gémir dans les prisons, à soixante et dix ans, pour avoir connu le mouvement de la terre ; et ce qu'il y a de plus honteux, c'est qu'ils l'obligèrent à se rétracter. [...]
>
> [Mais] de toutes les amertumes répandues sur la vie humaine, ce sont là les moins funestes. Les épines attachées à la littérature et à un peu de réputation ne sont que des fleurs en comparaison des autres maux qui de tout temps ont inondé la terre ; [...]. »

En outre, on remarquera dans cette dernière phrase un bel exemple de raisonnement par analogie.

Le raisonnement par l'absurde

On pousse jusqu'aux limites de l'absurde une thèse que l'on conteste pour mieux la réfuter.

C'est ce que fait Ionesco dans *Rhinocéros* en poussant jusqu'aux limites de l'absurde le syllogisme du logicien :

> « Tous les chats sont mortels. Socrate est mortel. Donc Socrate est un chat ».

Plus généralement, on appelle **schéma ou circuit argumentatif** la progression du raisonnement dans une argumentation : il s'agit de repérer l'organisation et l'enchaînement des arguments et des thèses du texte.

Démontrer, convaincre, persuader – Les procédés rhétoriques

Démontrer

Le raisonnement de type mathématique est logique et cohérent. Il impose une vérité qui doit être admise par tous.

Dans ce cas, la marge de liberté laissée à l'énonciateur est très faible, voire inexistante : il s'exprime de manière impersonnelle et universelle.

Convaincre

Convaincre n'est plus de l'ordre de la vérité (voir démontrer), mais de l'ordre de l'opinion.

Pour défendre son opinion, on cherche à emporter l'adhésion du destinataire en s'adressant à sa raison.

Le **registre didactique**, qui veut instruire le destinataire, peut caractériser ce type d'argumentation très rationnelle.

Persuader

Pour défendre son opinion, on cherche à emporter l'adhésion du destinataire, non plus en s'adressant à sa raison (voir convaincre), mais en s'adressant à ses sentiments et à ses émotions.

Le **registre pathétique**, qui fait appel à la pitié du destinataire, peut caractériser ce type d'argumentation.

La publicité utilise également la persuasion en essayant de séduire le destinataire. Elle suscite le désir et nourrit les rêves de confort, de beauté, de jeunesse éternelle, ce qui est beaucoup plus efficace qu'une stratégie rationnelle.

La persuasion cherche donc à impliquer au maximum le destinataire du message pour mieux jouer sur ses sentiments. Elle emploie pour cela différents **procédés rhétoriques** qu'il convient de repérer :

- Les pronoms de 2e personne, qui permettent l'apostrophe de l'interlocuteur : interpellation par le « tu », et le « vous ».
- Les **questions rhétoriques**, qui sollicitent l'attention du destinataire sans en attendre de véritable réponse.
- La répétition et l'accumulation qui ne peuvent laisser le destinataire indifférent.
- Le lexique valorisant ou dévalorisant qui influence l'interlocuteur dans le sens voulu par l'énonciateur.
- L'ironie, qui suppose une certaine connivence avec le destinataire.

L'**ironie** joue sur l'implicite puisqu'il faut comprendre le contraire de ce qui est énoncé. Elle ne peut donc fonctionner que si le destinataire est complice de cette double lecture (ce qui est dit / ce qu'il faut comprendre grâce au contexte).

Les genres de l'argumentation

L'argumentation directe

L'auteur exprime clairement ses arguments. L'argumentation est explicite. Les genres de l'argumentation directe sont nombreux.

L'essai est un ouvrage de forme libre, dans lequel un auteur exprime ses opinions (Montaigne, *Essais*). **Le pamphlet** est un écrit satirique, souvent politique, au ton virulent. **Le plaidoyer** défend une cause (= arguments pour). Il s'oppose au **réquisitoire** qui développe les arguments à charge (= arguments contre). **Le manifeste** est une déclaration écrite, publique et solennelle, dans laquelle un homme ou un groupe expose un programme, une position ou une conception (manifestes littéraires : *Manifeste surréaliste*, André Breton, 1924). **La lettre ouverte** est un écrit polémique, rédigé sous forme de lettre (« J'accuse », Zola, 1898) **La préface** est un texte placé au début d'un ouvrage pour le présenter (Préface de *Cromwell*, Victor Hugo, 1827). **L'éloge, le panégyrique, le dithyrambe** sont des textes marquant l'admiration de leur auteur pour quelque chose ou quelqu'un. À l'inverse, **le blâme** exprime la désapprobation à l'égard de quelque chose ou quelqu'un.

L'argumentation indirecte

L'auteur exprime ses arguments de manière détournée, au moyen d'une fiction, d'une histoire. L'argumentation est implicite.

L'apologue est le genre le plus fréquent. C'est un récit à visée argumentative. Il prend plusieurs formes. **La fable** appartient au genre de l'apologue : le récit illustre la morale. Chez la Fontaine, la morale peut suivre ou précéder le récit. Ses *Fables* (1668-1694) correspondent au grand principe de l'esthétique classique du XVIIe siècle : « instruire et plaire ». L'enseignement de chaque fable, dispensé dans la morale, est rendu plaisant par l'attrait du récit. **Le conte philosophique** fait également partie du genre de l'apologue : le récit est suivi d'une leçon, explicite ou implicite. À la fin de *Candide* de Voltaire (1759), le personnage principal formule le conseil suivant : « Il faut cultiver notre jardin. » Dans *Micromégas* (1752), la chute du conte reste implicite. Au lecteur de tirer la conclusion du récit, qui est une leçon d'humilité. **L'utopie** est une autre variante de l'apologue. Etymologiquement, le terme est forgé sur le grec « ou » (= non), et « topos » (= lieu). Il signifie « en aucun lieu ». Il est créé par Thomas More en 1516, comme en témoigne le titre de son ouvrage, *Utopia*. L'utopie présente le modèle d'une société idéale, heureuse et harmonieuse. On peut citer l'abbaye de Thélème de Rabelais (*Gargantua*, 1534) ou l'Eldorado de Voltaire (*Candide*, 1759). Son contraire est **la contre-utopie,** ou **dystopie** : la société imaginée devient un univers oppressant et autoritaire, voire totalitaire, comme dans *1984*, de George Orwell (1948). **La parabole**, d'inspiration religieuse, est plus rare. Elle s'apparente à l'apologue puisqu'elle raconte une histoire dont il faut comprendre la morale. Ainsi, dans la *Parabole du Fils prodigue*, un père accueille à bras ouverts son enfant qui rentre au domicile familial après avoir dilapidé tout le bien qui lui avait été confié. Le récit témoigne de l'amour inconditionnel du père pour son fils. Il symbolise l'espoir de la repentance pour toute « brebis égarée ».

Outre la forme de l'apologue, l'argumentation indirecte comprend aussi **le portrait satirique**, illustré par *Les Caractères* de La Bruyère (1688).

Enfin, **le dialogue d'idées** se rattache à l'argumentation indirecte, qu'il soit philosophique (Diderot), ou théâtral (Marivaux, *L'île des esclaves*, 1729, à rattacher aussi à l'utopie !).

2. La littérature d'idées et la presse au XIXe siècle

La révolution romantique

Le contexte historique

Le Romantisme est un mouvement culturel né dans le nord de l'Europe, essentiellement en Allemagne et en Angleterre, en réaction au classicisme des Lumières. Alors que le XVIIIe siècle prônait l'usage de la raison, les auteurs du début du XIXe siècle épanchent leurs sentiments personnels. Ils sont d'autant plus enclins à se confier que le contexte historique est devenu morose. Les idéaux de la Révolution française et de la grande épopée napoléonienne ont disparu. La mort de Napoléon (1821) et la Restauration laissent la jeunesse en proie à un grand vide existentiel. Ce « mal du siècle » favorise l'expression des sentiments de mélancolie et d'ennui. Il engendre aussi un besoin d'évasion qui prend des formes variées dans la littérature de l'époque : exotisme des voyages ; refuge dans la nature ; fuite dans la passion ; aspiration au rêve ; redécouverte du passé.

Lyrisme et engagement de la génération romantique

Les thèmes lyriques de la poésie romantique

Tous les poètes romantiques, de Lamartine à Hugo, en passant par Vigny et Musset, renouent avec le **lyrisme** traditionnel qui avait été délaissé par les auteurs du classicisme. Les thèmes lyriques tels que l'amour, la fuite du temps, la souffrance du poète sont au centre de leurs œuvres.

Le succès du recueil de Lamartine, *Les Méditations poétiques* (1820), est emblématique de cette nouvelle tendance. Dans « Le Lac », le poète ouvre son cœur au public. Il livre le douloureux souvenir de son amour pour Julie Charles, tragiquement disparue. Il associe la Nature à son malheur, en opposant la pérennité de la Nature à la fugacité du temps humain :

> « O temps, suspends ton vol ! Et vous, heures propices,
> Suspendez votre cours !
> Laissez-nous savourer les rapides délices
> Des plus beaux de nos jours ! »

De même, dans le recueil intitulé *Poésies nouvelles* (1852), Musset exprime la souffrance de sa rupture avec George Sand dans quatre poèmes intitulés « Les Nuits ». Dans « La Nuit de mai », le pélican devient le symbole du poète. Comme l'oiseau se sacrifie pour nourrir ses enfants, le poète offre sa souffrance aux autres hommes. Ainsi peut-il s'écrier :

> « Les plus désespérés sont les chants les plus beaux,
> Et j'en sais d'immortels qui sont de purs sanglots. »

La défense des libertés : de la révolution littéraire à la révolution sociale

La révolution littéraire du Romantisme précède de peu la révolution politique de juillet 1830.

D'ailleurs, Victor Hugo souligne le lien entre littérature et politique dès la Préface d'*Hernani* : « Le romantisme n'est à tout prendre, que le libéralisme en littérature. »

Vingt ans plus tard, Victor Hugo se souvient de cette fameuse bataille d'*Hernani* contre le classicisme dans *Réponse à un acte d'accusation*, extrait des *Contemplations* (1856). Il fait du Verbe poétique une arme politique. Il remet en cause la hiérarchie des mots qui est à l'image d'une hiérarchie sociale trop rigide et inégalitaire :

> « Je mis un bonnet rouge au vieux dictionnaire.
> Plus de mot sénateur. Plus de mot roturier ! […] »
> Le langage noble ne doit plus dédaigner le langage simple et populaire. Pourquoi ne pas appeler un chat un chat ?
> « J'ai dit à la narine : Eh mais ! Tu n'es qu'un nez ! »

Il s'agit donc de libérer le langage pour libérer la société de ses carcans. En luttant pour davantage de libertés dans le domaine littéraire, les auteurs romantiques luttent aussi pour plus de libertés et de justice dans la société.

En effet, malgré l'avènement de la Révolution de 1789, les valeurs défendues par les écrivains des Lumières sont loin de s'imposer dans les faits. Le chemin vers la République est semé d'embûches. Deux autres révolutions (1830 et 1848) et un coup d'État (1851) jalonnent le XIXe siècle. Il faut attendre la IIIe République (1870-1940) pour que le régime se stabilise, après deux Républiques plus instables (1792-1804 et 1848-1851).

Victor Hugo est le porte-drapeau des valeurs républicaines. Son engagement en faveur de la liberté et de la justice sociale est le combat de toute une vie. Toute son œuvre prend la défense des opprimés contre les puissants.

Dans *Ruy Blas* (1838), on se souvient de la longue tirade du personnage éponyme contre les Grands d'Espagne, qui ruinent le royaume à leur profit. La pièce de Victor Hugo ne fait pas exception et le théâtre romantique a une portée sociale et politique incontestable Musset, dans *Lorenzaccio*, fustige également les puissants qui se vautrent dans le luxe et le vice, comme le duc Alexandre de Médicis. Il pose en outre la question de la lâcheté politique, puisque malgré l'assassinat du duc par Lorenzo, les Républicains n'ont pas le courage de s'imposer : la pièce s'achève sur l'intronisation d'un nouveau duc, qui voue Florence à un éternel recommencement politique. Le double sacrifice de Lorenzaccio aura donc été inutile : c'est en vain qu'il a renoncé à la vertu et perdu la vie. C'est aussi dans la poésie satirique qu'éclatent les prises de position de Victor Hugo. À la suite du coup d'État de Napoléon III, le 2 décembre 1851, l'écrivain essaie de soulever le peuple de Paris contre l'Empereur, en vain. Menacé d'être arrêté, il s'exile à Jersey, île anglo-normande où il rédige une violente satire contre Napoléon III, intitulée *Les Châtiments* (1852). Le poète reproche à Louis Napoléon d'avoir bafoué les lois de la République pour devenir Napoléon III. Dans « Fable ou histoire », il le décrit sous les traits d'un « singe » qui a essayé maladroitement d'imiter son illustre prédécesseur, Napoléon 1er. Victor Hugo accuse aussi l'armée, l'Église et la finance de soutenir ce régime du Second Empire.

Même un ouvrage comme *Les Contemplations*, emblématique du lyrisme, porte la marque de cette lutte pour davantage de justice. Le poème « Melancholia » (1838) s'insurge contre le travail des enfants sacrifiés à l'industrialisation :

> « Où vont tous ces enfants dont pas un seul ne rit ?
> Ces doux êtres pensifs que la fièvre maigrit ? [...]
> Ils s'en vont travailler quinze heures sous des meules,
> Ils vont, de l'aube au soir, faire éternellement
> Dans la même prison le même mouvement. »

Enfin, dans le domaine romanesque, le récit des *Misérables* (1862) poursuit la même visée argumentative en retraçant la vie de Jean Valjean qui tente de s'extirper de la pauvreté sur un chemin semé d'embûches. Dans la *Préface* du roman, l'auteur espère faire œuvre utile et dénonce « les trois problèmes du siècle, la dégradation de l'homme par le prolétariat, la déchéance de la femme par la faim, l'atrophie de l'enfant par la nuit ». En outre, à une époque où les exécutions sont monnaie courante, Victor Hugo est l'un des premiers à s'insurger contre la peine de mort. Son récit, *Le Dernier Jour d'un condamné* (1832), est un émouvant réquisitoire contre la peine de mort à travers l'expression de la détresse du condamné. Victor Hugo s'exprime d'abord directement dans la *Préface*, puis il cède la parole au condamné lui-même, et cette forme d'argumentation indirecte est des plus efficaces.

L'engagement dans la vie politique

Engagés dans leurs œuvres, certains auteurs s'engagent aussi dans la vie politique. Les révolutions de 1830 et de 1848 leur en donnent l'occasion. Lors de cette seconde révolution, Lamartine se présente à l'élection pour devenir président de la République. Pour sa part, Victor Hugo déploie ses talents d'orateur dans un vibrant *Discours contre la misère*, prononcé à l'Assemblée nationale législative le 9 juillet 1849. Après son exil à Guernesey et la publication des *Châtiments*, il devra attendre plus de vingt ans avant de pouvoir regagner la France. Il deviendra alors député de Paris à l'Assemblée nationale, puis sénateur. Il est vraiment le symbole de la gauche républicaine et l'incarnation de l'écrivain populaire. Lors de sa mort le 22 mai 1885, il aura droit à des funérailles nationales, qui le conduiront au Panthéon.

L'engagement des peintres romantiques

Comme la littérature, la peinture romantique témoigne de l'engagement des artistes. Elle représente l'Histoire en train de se faire. Dans *Les Scènes des massacres de Scio* (1824), Delacroix relate un fait d'actualité, le massacre des Grecs par les Turcs en 1822. Ce conflit gréco-turc mobilise les artistes et les intellectuels de l'époque en faveur des Grecs, symboles de la lutte contre l'impérialisme et du combat pour la liberté. Dans *Les Orientales* (1829), d'ailleurs, Victor Hugo ne manque pas de faire un poème à ce sujet, *L'Enfant*. Un autre tableau de Delacroix, *La Liberté guidant le peuple* (1831), se fait l'écho des émeutes de juillet 1830 et exalte la liberté sous la forme d'une puissante allégoric. La toile est représentative du style de Delacroix : couleurs vives, composition mouvementée, violents contrastes qui font naître l'émotion.

Presse et censure au XIXe siècle

L'essor de la presse au XIXe siècle

Au XVIIIe siècle, la presse peine à faire entendre sa voix face à la censure du pouvoir en place. En 1830, les journaux critiquent trop ouvertement la politique de Charles IX. Le roi prend donc la décision de suspendre la liberté de la presse en juillet. Cette répression contribuera à déclencher la Révolution de juillet et coûtera le trône au souverain. Durant cette période, plusieurs journaux voient le jour, certains favorables au nouveau roi Louis-Philippe, d'autres en proposant de féroces caricatures comme *Charivari*. En 1832, le célèbre caricaturiste Daumier est arrêté et condamné à six mois d'emprisonnement pour avoir publié une gravure intitulée *Gargantua*. Cette caricature dénonce la politique fiscale de Louis-Philippe. Le roi est représenté sous les traits du géant vorace en train d'ingurgiter toute la fortune du pays. En Province, la presse se développe également et devient plus politique. La publicité fait son apparition pour diminuer les coûts.

À partir de 1835, la liberté de la presse est de nouveau restreinte jusqu'à la chute de Louis-Philippe lors de la Révolution de 1848. La IIè République est proclamée. Lui succédera en 1851 le coup d'état de Louis-Napoléon Bonaparte qui devient Napoléon III avec l'avènement du Second Empire. Ce n'est que dans les années 1860, plus libérales, que la presse reprendra son développement. Ainsi *Le Figaro*, lancé comme un journal satirique en 1826, devient hebdomadaire en 1854, puis quotidien en 1866. À la fin de l'Empire apparaît le quotidien populaire à cinq centimes. *Le Petit journal* est fondé en 1863. Il est apolitique. Les lecteurs sont friands de ses chroniques, de ses faits-divers (crimes de Pantin) et de ses romans feuilletons. En 1870, le tirage du *Petit journal* atteint 400 000 exemplaires. La presse quotidienne à grand tirage est lancée. À noter que durant ces années, l'engouement des lecteurs pour les faits divers s'accentue et favorise la multiplication de journaux spécialisés tels que *L'Audience*, *Les Faits divers illustrés*, *L'Œil de la police*. En 1870, la France perd le combat contre la Prusse et l'empereur abdique. La IIIè république est instaurée. Elle durera jusqu'en 1940. Le nouveau contexte politique est favorable à la presse et à la diffusion des idées de partis opposés. Les républicains votent la loi du 29 juillet 1881 qui accorde de grandes libertés à la presse. Ce texte reste fondateur aujourd'hui, joint à la Déclaration des droits de l'Homme. Les progrès techniques (télégraphe, linotypes), l'évolution économique et sociale (alphabétisation, réduction du temps de travail) expliquent également cet âge d'or de la presse.

La censure au XIXe siècle

De nombreux artistes subissent la censure sous le régime autoritaire de Napoléon III, qui a proclamé le Second Empire à la suite du coup d'état de 1851. À cette époque, c'est l'empereur et son ministre de l'Intérieur, Persigny, qui accordent ou non le droit de publier une œuvre. Il est difficile pour un auteur d'échapper à la censure. Il peut essayer d'utiliser un pseudonyme ou l'anonymat. Il peut aussi tenter de publier à l'étranger.

L'année 1857 est marquée par deux procès retentissants contre des œuvres qui sont pourtant considérés comme des chefs d'œuvres de la littérature française.

Le procès de Flaubert pour Madame Bovary

Flaubert se voit condamné pour la publication de *Madame Bovary* en 1857 par le procureur Maître Pinard. Il est accusé d'offenser la morale publique et religieuse. Or, la loi du 17 mai 1819 stipule que « tout outrage à la morale publique et religieuse, ou aux bonnes meurs » risque d'être puni d'une amende et d'un emprisonnement. Le roman est jugé immoral : « Ce que l'auteur nous montre, c'est la poésie de l'adultère, et je vous demande encore une fois si ces pages lascives ne sont pas d'une immoralité profonde ! ! ! […] ». Durant le Second Empire le

Résumés de cours

mariage est un fondement social et religieux au sujet duquel on ne badine pas. Dans *Madame Bovary*, l'héroïne éponyme est mariée et a pourtant plusieurs amants successifs : Rodolphe, Léon… Flaubert décrit avec réalisme les transports et la satisfaction physique de son personnage. Ces descriptions choquent un lectorat bourgeois et conservateur. La société du Second empire condamne davantage l'adultère féminin que les écarts masculins : un homme risque une amende s'il trompe sa femme, une femme infidèle peut encourir jusqu'à deux ans de prison. Une œuvre d'art qui fait la peinture de l'adultère, qui plus est, féminin, est passible d'une sanction pénale.

Heureusement, malgré l'interminable réquisitoire du procureur Pinard, aucune charge n'est retenue contre Flaubert grâce à la plaidoirie de Maître Sénard. L'avocat fait une analyse subtile et détaillée du roman. Il met en avant la pureté des intentions de Flaubert et la justesse de son style. Selon lui, l'auteur a voulu donner « l'horreur du vice » en peignant les malheurs et désillusions d'Emma :

> « Et prenez bien garde à une chose : M. Flaubert n'est pas un homme qui vous peint un charmant adultère, pour faire arriver ensuite le Deus ex machina, non ; vous avez sauté trop vite de la page que vous avez lue à la dernière. L'adultère, chez lui, n'est qu'une suite de tourments, de regrets, de remords ; et puis il arrive à une expiation finale, épouvantable. Elle est excessive. Si M. Flaubert pêche, c'est par l'excès, et je vous dirai tout à l'heure de qui est ce mot. L'expiation ne se fait pas attendre ; et c'est en cela que le livre est éminemment moral et utile, c'est qu'il ne promet pas à la jeune femme quelques-unes de ces belles années au bout desquelles elle peut dire : après cela, on peut mourir. Non ! Dès le second jour arrive l'amertume, la désillusion. Le dénouement pour la moralité se trouve à chaque ligne du livre. »

Finalement, le juge acquitte Flaubert et ses éditeurs. Le procès contribuera au succès du roman, succès dont Flaubert se serait bien dispensé, et dont il n'avait nul besoin pour que *Madame Bovary* devienne un roman majeur de la littérature française.

Le procès de Baudelaire pour *Les Fleurs du mal*

Quelques mois plus tard, Baudelaire est à son tour poursuivi pour son ouvrage *Les Fleurs du mal*. Il est lui aussi accusé d'offenser la morale publique et religieuse. Certains poèmes sont considérés comme immoraux. Le juge qui condamne le poète est aux ordres de l'empereur. Napoléon III estime que les livres doivent « être consolants » et servir à « démontrer que l'Homme est né bon et que tous les Hommes sont heureux ». On est donc bien loin de l'univers de Baudelaire, partagé entre le « Spleen », un ennui métaphysique profond, et « l'Idéal ». D'ailleurs, le poète conçoit l'art et la beauté comme complètement indépendants de la morale au sens courant du terme. Ainsi, comme le suggère le titre du recueil, la beauté peut être extraite du Mal. Le recueil est également vilipendé par un journaliste du Figaro, Gustave Bourdin. C'est d'ailleurs lui qui déclenche la polémique sur les *Fleurs du Mal* dans son article du 5 juillet 1857 : « Ce livre est un hôpital ouvert à toutes les démences de l'esprit, à toutes les putridités du cœur [...] ». Très rapidement, Baudelaire est convoqué devant le tribunal correctionnel de la Seine ainsi que ses éditeurs. Il se sent injustement brimé. L'audience a lieu le 20 août. Maître Pinard, déjà impliqué dans le procès de Flaubert, incrimine Baudelaire au motif que ses tableaux « conduisent nécessairement à l'excitation des sens par un réalisme grossier et offensant pour la pudeur ». Le poète doit verser une amende de 300 francs et ôter de son recueil six de ses poèmes. Entre les deux premières éditions des *Fleurs du Mal* (1857 et 1861), Baudelaire doit donc réorganiser son recueil à cause de la censure de ces six poèmes. Il revoit la structure de l'ouvrage, ajoute des textes et crée une nouvelle section : « Tableaux parisiens ». Les six poèmes censurés seront publiés en Belgique en 1866 par Poulet-Malassis sous le titre *Épaves* : « Lesbos », « Femmes Damnées », « Le Léthé », « À Celle qui est trop gaie », « Les Bijoux », « Les Métamorphoses du Vampire ». Outre la sensualité et l'érotisme, ces poèmes expriment le mélange de fascination et de répulsion qu'inspire la femme. Aborder le sujet du saphisme dans la France du Second Empire ne pouvait que susciter des réactions indignées de la part des bourgeois bien pensants de l'époque. « Les Bijoux » fait partie des poèmes condamnés en 1857, lors de la première édition des *Fleurs du Mal*. Il décrit la nudité d'une femme et le désir qu'elle inspire. Lors du procès, le procureur général, Maître Pinard, le qualifie de « peinture lascive », susceptible d'offenser la morale publique et les bonnes mœurs :

> « [...] Et son bras et sa jambe, et sa cuisse et ses reins,
> Polis comme de l'huile, onduleux comme un cygne,
> Passaient devant mes yeux clairvoyants et sereins ;
> Et son ventre et ses seins, ces grappes de ma vigne,
>
> S'avançaient, plus câlins que les Anges du mal,
> Pour troubler le repos où mon âme était mise, [...] ».

Notons qu'il faudra attendre le 31 mai 1949 pour que la Cour de Cassation annule enfin le jugement infâmant de 1857.

Le Salon des Refusés

La peinture officielle tient son « Salon » annuel à Paris. À l'instar de la littérature, la peinture est soumise à la censure. Certains peintres, parmi lesquels Courbet, se voient refuser l'accès au Salon parce que leurs tableaux sont jugés trop choquants. En 1863, Napoléon III décide de rassembler les œuvres des peintres « refusés » dans une exposition parallèle afin que le public puisse se faire une idée par lui-même du caractère scandaleux des tableaux censurés. C'est la naissance du « Salon des Refusés ». La première exposition des « Refusés » est marquée par la présentation de la toile de Manet intitulée *Le Déjeuner sur l'herbe*. Les visiteurs jugent indécente la nudité d'une femme assise sur l'herbe en compagnie d'hommes habillés. Le contexte mythologique n'est plus là pour rendre acceptable la nudité. Le tableau fait scandale.

Courbet et l'affaire de la colonne Vendôme

Courbet est un peintre réaliste. À l'instar des romanciers de la même époque (Zola, notamment), il cherche à rendre visibles les gens du peuple. Dans son tableau le plus emblématique, *L'enterrement à Ornans*, il représente tous les habitants de son village natal, jusqu'aux plus modestes. La taille conséquente du tableau le hisse au rang de la peinture d'Histoire officielle. Désormais, les petites gens ont le droit d'être représentés au même titre que les grands personnages historiques. On peut également citer *Les Casseurs de pierre*, qui rend hommage aux travailleurs manuels. L'orientation républicaine de Courbet lui vaut de participer à l'insurrection de la Commune de Paris en 1871, après la défaite de Sedan qui fait tomber Napoléon III et le Second Empire. Lors des événements de la Commune, la colonne Vendôme est détruite. C'est un monument qui symbolise le militarisme impérial puisqu'il avait été érigé par érigée par Napoléon pour commémorer la bataille d'Austerlitz. Courbet en avait jadis réclamé la destruction, ce qui le désignera ensuite comme responsable, alors qu'il n'était pas encore en poste lors du vote de sa démolition au moment de la Commune. Il est arrêté le 7 juin 1871 et condamné à 6 mois de prison, à la suite desquels il retourne dans son Jura natal.

Malheureusement, en mai 1873, le nouveau président de la République, le maréchal de Mac Mahon, décide de faire reconstruire la colonne Vendôme aux frais de Courbet. Le peintre est ainsi acculé à la ruine. Craignant un nouvel emprisonnement, il choisit de s'exiler en Suisse où il mourra en 1877. La colonne Vendôme avait finalement vu sa reconstruction achevée en 1875.

Le retentissement de la presse : Zola et « l'affaire Dreyfus »

Outre Victor Hugo, un autre grand écrivain du XIXe siècle met ses talents littéraires au service de l'engagement politique. Il s'agit d'Émile Zola au cours de l'affaire Dreyfus. Un officier français d'origine juive, Alfred Dreyfus, est accusé d'avoir livré des renseignements à l'attaché militaire allemand à Paris.

Arrêté en 1894, il est condamné à la dégradation militaire et à la déportation à vie en Guyane. L'affaire déclenche une vague d'antisémitisme dans l'armée et dans la presse, puis est oubliée.

Mais en 1896, le nouveau chef du service des renseignements, le commandant Picquart, persuadé de la culpabilité d'un autre officier français, Esterhazy, le dénonce et exige la révision du procès de Dreyfus. Traduit en conseil de guerre, Esterhazy est acquitté. Picquart est déplacé en Tunisie.

Ces nouveaux rebondissements déchaînent les passions dans l'opinion publique. La France de la IIIè République est coupée en deux : les « Dreyfusards » sont confrontés aux « antidreyfusards », et chacun doit choisir son camp.

Zola décide d'intervenir. Le 13 janvier 1898, il publie dans le journal de Clémenceau, *L'Aurore*, une lettre ouverte adressée au Président de la République, intitulée « J'accuse !… », qui prend la défense de Dreyfus. Le ton passionné de la protestation fait de cet article un véritable **pamphlet**. Grâce à la reprise anaphorique de la formule « J'accuse !… », Zola passe en revue tous les responsables de la condamnation injuste de Dreyfus. Voici la fin de la lettre :

> « […] Et l'acte que j'accomplis ici n'est qu'un moyen révolutionnaire pour hâter l'explosion de la vérité et de la justice.
>
> Je n'ai qu'une passion, celle de la lumière, au nom de l'humanité qui a tant souffert et qui a droit au bonheur. Ma protestation enflammée n'est que le cri de mon âme. Qu'on ose donc me traduire en cour d'assises, et que l'enquête ait lieu au grand jour !
>
> J'attends. »

L'article est retentissant, et vaudra à son auteur une condamnation à un an de prison et à 3 000 francs d'amende.

Une révision du procès aura lieu en 1899, mais Dreyfus sera de nouveau condamné, à dix ans de réclusion cette fois, avec circonstances atténuantes. Il sera gracié par le président Loubet.

Il faudra attendre 1906 pour voir Dreyfus réintégré dans l'armée avec ses grade et fonction.

3. La littérature d'idées au XXe siècle

La révolution surréaliste

Un précurseur : Apollinaire et « L'esprit nouveau »

Par la variété et l'inventivité de son œuvre, Guillaume Apollinaire illustre l'avènement de la modernité, ce qu'il a lui-même appelé « l'esprit nouveau ». La parution d'*Alcools* en 1913 affiche délibérément cette modernité avec le frontispice du recueil. Il s'agit d'un portrait d'Apollinaire par Picasso, dans le style cubiste. Dans le poème liminaire intitulé « Zone » apparaît l'audace de l'inspiration urbaine héritée de poètes comme Baudelaire ou Verhaeren.

À plusieurs reprises dans le recueil, Apollinaire invente toutes sortes de formes. Par exemple, le poème-conversation enregistre de manière inattendue de banales remarques de la vie quotidienne. Certains poèmes évoquent aussi la forme du calligramme. L'esthétique d'Apollinaire est une esthétique de la surprise, qui sera chère aux surréalistes par la suite. Sa devise en témoigne : « J'émerveille ». Dans *Alcools*, la thématique du feu, symbole de la création poétique, donne naissance à des images originales qui préfigurent celles des surréalistes. Par exemple, le poème intitulé « Le Brasier » témoigne de l'audace du poète, comme le souligne la strophe suivante :

> « Dans la plaine ont poussé des flammes
> Nos cœurs pendent aux citronniers
> Les têtes coupées qui m'accablent
> Et les astres qui ont saigné
> Ne sont que des têtes de femmes »

Naissance et définition du mouvement surréaliste

Le **surréalisme** est lié au contexte historique du début du XXe siècle. Il naît de la révolte de très jeunes gens devant les horreurs de la Première Guerre mondiale. Il est issu du mouvement Dada, qui, sous l'impulsion de Tristan Tzara, prône, de 1919 à 1922, à Zürich puis à Paris, un esprit de révolte radicale contre les valeurs de la culture occidentale. Il veut libérer l'homme d'une civilisation trop contraignante.

C'est durant son service dans la médecine militaire qu'André Breton découvrira Freud et la méthode des associations libres, pour soigner les traumatismes des soldats revenus du front. Il s'en inspirera pour inventer, avec Philippe Soupault, l'écriture automatique, sorte de dictée de l'inconscient qui se veut libérée de toute contrainte. Dans la même veine, Robert Desnos publiera des récits de rêve écrits sous hypnose. Il s'agit de faire surgir l'imaginaire enfoui au plus profond de la conscience.

En 1924, André Breton fait paraître le *Manifeste surréaliste*, qui donne cette définition du mouvement :

- « SURRÉALISME, n. m. Automatisme psychique pur par lequel on se propose d'exprimer, soit verbalement, soit de tout autre manière, le fonctionnement réel de la pensée. Dictée de la pensée, en l'absence de tout contrôle exercé par la raison, en dehors de toute préoccupation esthétique ou morale. »

Il décrit l'image surréaliste comme le choc de deux réalités éloignées, qui n'auraient jamais pu se rencontrer sans la médiation de l'écriture poétique. L'importance accordée à l'inconscient incite les poètes surréalistes à privilégier l'imagination, et des thèmes tels que l'amour et le rêve, où le rationnel n'intervient guère. Paul Éluard et Louis Aragon sont les deux grands chantres de l'amour dans la poésie surréaliste. L'un rend hommage à ses femmes successives, gala, Nush puis Dominique, l'autre à son unique muse, Elsa Triolet.

L'engagement des poètes surréalistes : le combat pour la liberté

En 1927, le mouvement surréaliste adhère au parti communiste.

Dans le contexte des deux grandes Guerres mondiales, la notion d'engagement politique prend tout son sens. Le combat pour la liberté devient une urgence. Durant la Résistance, les poètes surréalistes s'engagent, sur le terrain et dans leurs écrits. Les poèmes deviennent des armes pour lutter contre l'occupant allemand.

Ainsi, le poème d'Éluard intitulé « Liberté » (*Poésie et vérité*, 1942) sera parachuté sur les pays occupés par la Royal Air Force. Il se verra traduit en dix langues.

Pour sa part, Aragon publie des textes dont les titres sont particulièrement significatifs. C'est le cas de « Je vous salue ma France », publié clandestinement en 1943 dans *Le musée Grévin*. En 1944, dans *La Diane française*, le poème intitulé « La rose et le réséda » rend hommage à quatre résistants morts pour la France : Gabriel Péri, Étienne d'Orves, Guy Moquet et Gilbert Dru.

Le poète Robert Desnos participe également à la Résistance, non seulement par ses écrits, mais aussi par ses actions. Arrêté et déporté, il meurt au camp de Térézin (Tchécoslovaquie) en 1945.

René Char, enfin, rend compte de sa difficile expérience de résistant dans les *Feuillets d'Hypnos*, carnet de notes qui ne paraîtra qu'en 1946. Il s'agit effectivement de notes prises sur le vif, de longueur variable, souvent plutôt brèves, écrites sur le terrain, dans l'urgence de l'action.

La littérature engagée : la liberté d'action

Le concept de littérature engagée

En 1945, Sartre fonde sa propre revue, au titre révélateur, *Les Temps modernes*.

Il prône l'« engagement » de la littérature dans les luttes de son temps. En 1947, dans le **manifeste** *Qu'est-ce que la littérature ?*, il revient sur l'utilité politique de l'écrivain. À partir de cette époque, il écrit de nombreux articles d'actualité, publiés dans une série de volumes intitulés *Situations* (1947-1976). L'artiste doit toujours être « en situation » dans son temps. Il ne peut pas faire abstraction du contexte historique, social et politique dans lequel il vit.

Pour sa part, Albert Camus expose ses idées sur l'engagement à l'occasion de la remise du prix Nobel de littérature qui lui est attribué en 1957. Il prononce alors le célèbre *Discours de Suède* :

> « [...] dans toutes les circonstances de sa vie, obscur ou provisoirement célèbre, jeté dans les fers de la tyrannie ou libre pour un temps de s'exprimer, l'écrivain peut retrouver le sentiment d'une communauté vivante qui le justifiera, à la seule condition qu'il accepte, autant qu'il peut, les deux charges qui font la grandeur de son métier : le service de la vérité et celui de la liberté. [...] ».

Ainsi, l'écrivain est « embarqué », et ne peut ignorer le monde qui l'environne.

Camus essayiste : de l'absurde à la révolte

Albert Camus est surtout connu du grand public pour ses romans, tels que *L'Étranger* (1942) ou *La Peste* (1947). Il est réputé aussi pour son théâtre, avec des pièces comme *Caligula* (1944) et *Les Justes* (1949). Cette dernière pièce pose le problème de l'engagement politique et de la liberté d'action (voir chapitre sur le théâtre).

Camus développe également sa pensée dans des essais, parmi lesquels *Le Mythe de Sisyphe* (1942) et *L'Homme révolté* (1951). Le premier ouvrage analyse « l'absurde », le second prône la révolte. En effet, dans l'univers de Camus, la prise de conscience de l'absurde est inséparable de la révolte qu'elle engendre.

Le Mythe de Sisyphe (1942) est un essai consacré au sentiment de l'absurde. Il reprend la légende grecque de Sisyphe aux Enfers, condamné à rouler éternellement jusqu'en haut d'une pente un rocher qui retombe toujours au bas de celle-ci. Camus interprète l'histoire de Sisyphe comme une illustration de la condition de l'homme, voué à répéter au quotidien des gestes dépourvus de signification, qui l'éloignent de toute valeur spirituelle. Le sentiment de l'absurde naît de cette absence de sens.

La notion d'absurde apparaît également peu après dans les pièces de Ionesco ou de Beckett (voir chapitre sur le théâtre).

Malgré le constat de l'absurdité du monde, Albert Camus ne sombre pas dans le pessimisme, contrairement à un auteur comme Beckett. Dans *L'Homme révolté* (1951), il décrit, à travers l'Histoire, la « révolte » de l'être humain devant l'absence de Dieu et la tentation de l'anéantissement. Il dénonce le passage de la révolte métaphysique à la révolution politique, source de terreurs, à travers la situation de l'URSS contemporaine. Cette condamnation de la révolution communiste déclenche d'ailleurs une vive polémique. Dans la conclusion de son essai, Camus estime que ce sont les artistes, et en particulier les romanciers, qui ont été les plus aptes à exprimer cette révolte de l'homme contre sa condition.

Sartre et l'existentialisme : liberté et responsabilité

L'existentialisme est une attitude de pensée incarnée essentiellement par Sartre et Simone de Beauvoir.

Dans *L'Être et le Néant* (1943), Jean-Paul Sartre propose un système philosophique qui répond aux interrogations de ses œuvres de fiction antérieures, *La Nausée* (1938) et *Le Mur* (1939). Cette philosophie, nommée « existentialisme », s'inspire des ouvrages des Allemands Husserl et Heidegger.

La liberté est une notion essentielle pour comprendre en quoi consiste l'existentialisme.

Sartre refuse toute détermination de l'homme, quelle qu'elle soit : par son milieu, par la société, par l'histoire… Comme Camus, il refuse également tout déterminisme religieux, toute transcendance qui existerait en dehors des actes humains. Selon lui, l'individu est « condamné à être libre ». Sa liberté lui donne la responsabilité permanente de diriger sa vie par ses choix.

Pour reprendre le titre d'un essai de Sartre, paru en 1946, *L'existentialisme est un humanisme*, parce qu'il oblige l'homme à inventer sa vie, et à mettre ses actes en adéquation avec les valeurs qu'il défend.

Dans la vie courante, la plupart des hommes préfèrent ignorer cette liberté qu'il leur est possible d'exercer. Ils s'enferment dans des conduites de routine qui les dispensent de tout effort d'innovation. Le risque est grand alors de basculer dans la « mauvaise foi », un mensonge permanent à soi-même qui aliène la liberté. La pièce de théâtre *Huis-clos* reprend cette thématique (voir chapitre sur le théâtre)

Imaginer le monde de demain : un avenir sombre ?

De l'utopie à la contre-utopie

Étymologiquement, le mot « utopie » signifie « en aucun lieu ». Il est forgé sur le grec « ou », non, et « topos », lieu. C'est à Thomas More et à son ouvrage *Utopia* (1516) que l'on doit le terme.

L'utopie est un monde clos, situé dans un temps à part. Elle présente le modèle d'une société heureuse, bien réglée, égalitaire et harmonieuse.

Au XIXe siècle, l'utopie reflète la foi dans le progrès moral de l'humanité et dans le pouvoir de la science. Sous l'égide de Fourier, elle devient porteuse d'un projet politique socialiste.

Mais les traumatismes historiques du XXe siècle anéantissent les rêves des utopistes du siècle précédent. L'utopie cède la place à la **contre-utopie**. Le « pays de nulle part » et sa société parfaite deviennent un univers oppressant et souvent totalitaire.

Les contre-utopies d'Aldous Huxley et de George Orwell

En 1932, l'ouvrage d'Aldous Huxley, *Le Meilleur des mondes*, annonce de manière prophétique les manipulations génétiques et leur exploitation à des fins de domination sociale. Le titre est antiphrastique. Il s'agit d'un monde impitoyable, où les individus sont sélectionnés et conditionnés avant leur naissance.

Les embryons sont ainsi répartis en cinq catégories et classés selon les cinq premières lettres de l'alphabet grec. Les « alphas » sont au sommet de la hiérarchie, destinés à diriger la société, tandis que les « epsilons », au bas de l'échelle, sont voués aux travaux manuels.

Au lendemain de la Seconde Guerre mondiale, en 1948, paraît un ouvrage nourri de l'expérience du totalitarisme : il s'agit de *1984*, de George Orwell. Ce roman d'anticipation est proche du **roman à thèse**, dans la mesure où la fiction illustre la thèse défendue par l'auteur : les dangers de la dictature. George Orwell imagine une société où chacun vit sous le regard de Big Brother, maître d'Océania. C'est un être mystérieux et inaccessible, mais dont l'image est omniprésente sur les murs et sur les écrans. L'élaboration d'un nouveau langage, le « novlangue », fait table rase de la richesse du langage antérieur et veut faire de la langue officielle d'Océania un instrument d'uniformisation et de domination.

Syme, philologue chargé de rédiger le dictionnaire du novlangue, annonce fièrement que « c'est la seule langue dont le vocabulaire diminue chaque année ». Il tente de dissiper le scepticisme de son collègue Winston, personnage principal du récit :

> « – Ne voyez-vous pas que le véritable but du novlangue est de restreindre les limites de la pensée ? À la fin, nous rendrons littéralement impossible le crime par la pensée car il n'y aura plus de mots pour l'exprimer. Tous les concepts nécessaires seront exprimés chacun exactement par un seul mot dont le sens sera rigoureusement délimité. Toutes les significations subsidiaires seront supprimées et oubliées. […] »

Traduction de l'anglais par Amélie Audiberti, Éditions Gallimard.

À la différence du *Meilleur des Mondes*, *1984* propose une satire manifestement politique, qui vise l'actualité. Dans *La Ferme des animaux* (1945), déjà, George Orwell s'en prenait au régime de dictature prolétarienne, où « Tous les animaux sont égaux, mais [...] il y en a qui le sont plus que d'autres. »

Traduction de l'anglais par Jean Queval, Éditions Gallimard.

Quel avenir pour l'Homme du XXIe siècle ?

La deuxième moitié du XXe siècle et le début du XXIè voient se réaliser certains des aspects des sociétés imaginées par Aldous Huxley et George Orwell.

Ainsi, les manipulations génétiques et les problèmes éthiques qui en découlent – on songe par exemple au clonage ou à la PMA – rappellent l'univers du *Meilleur des mondes*.

Par ailleurs, tout comme Winston sous l'œil de Big Brother dans *1984*, l'homme moderne semble placé sous haute surveillance avec la traçabilité de son i-phone et des réseaux sociaux. Le lavage de cerveau pour formater le consommateur moyen est devenu une réalité économique tristement banale. Enfin, le « novlangue » paraît annoncer le langage des SMS qui implique de réduire la langue à sa plus simple expression, voire à une affligeante pauvreté.

Néanmoins, certains courants de pensée contemporains invitent à espérer un avenir moins sombre. Le débat écologique, les associations multiples qui œuvrent en faveur de la solidarité, la tendance à la démocratie participative sont autant de pistes à développer pour un monde meilleur, même si la vigilance reste de mise pour ne pas retomber dans les erreurs du passé. Albert Camus, dans *La Peste* en 1947, nous mettait déjà en garde à la fin du roman par la voix du narrateur des Rieux :

> « Écoutant, en effet, les cris d'allégresse qui montaient de la ville, Rieux se souvenait que cette allégresse était toujours menacée. Car il savait ce que cette foule en joie ignorait, et qu'on peut lire dans les livres, que le bacille de la peste ne meurt ni ne disparaît jamais, qu'il peut rester pendant des dizaines d'années endormi dans les meubles et le linge, qu'il attend patiemment dans les chambres, les caves, les malles, les mouchoirs et les paperasses, et que, peut-être, le jour viendrait où, pour le malheur et l'enseignement des hommes, la peste réveillerait ses rats et les enverrait mourir dans une cité heureuse. »

4. La presse et les médias aux XXe et XXIe siècles

L'évolution de la presse aux XXe et XXIe siècles

Du début du XXe siècle jusqu'à la Seconde Guerre mondiale

La presse française connaît un essor considérable au début du XXe siècle. En 1914, elle est la plus lue au monde et le nombre des quotidiens n'a cessé d'augmenter : à Paris, certains quotidiens tirent jusqu'à plus d'un million d'exemplaires. Des évolutions techniques, comme l'augmentation de la puissance des rotatives, expliquent ce développement. Le progrès social qui impose l'école obligatoire favorise également cet essor en réduisant l'analphabétisme. Durant la Première Guerre mondiale, le correspondant de guerre du *Matin*, Albert Londres, se distingue par ses reportages qui dénoncent la propagande pendant la guerre. Pour riposter à cette propagande et à la censure, le 10 septembre 1915 voit la création du *Canard enchaîné*. C'est l'un des nombreux journaux (= canards, en langage familier) destinés aux soldats sur le front. L'année suivante, les autorités censurent le nouveau journal. On a peur qu'il ne mine le moral des troupes ou qu'il ne fournisse des renseignements à l'ennemi. Le *Canard enchaîné* est tout de même publié. Les espaces qui devaient contenir les articles ou les dessins supprimés sont laissés vides pour dénoncer la censure. Par la suite, le journal propose ironiquement un référendum pour « l'élection du grand chef de la tribu des bourreurs de crâne », parodiant ainsi les référendums proposés par la presse plus officielle.

Pendant la période de l'entre-deux guerres, la presse subit les effets négatifs de cette satire de la propagande et de la censure. La vente des grands quotidiens baisse. D'autres facteurs expliquent ces difficultés, notamment l'augmentation du prix du papier et la concurrence d'un nouveau moyen de communication, la radio. La publicité, qui occupe 30 % de l'espace des journaux en 1927, permet d'amortir un peu les coûts, d'autant que la même année la Poste augmente le prix du port des journaux. En 1931 est révélée l'affaire Arthur Raffalovitch, affaire de corruption des médias au profit des emprunts russes. Ce scandale contribue, quelques années plus tard, à la création du statut de journaliste professionnel. Le 29 mars 1935 est promulguée la loi Brachard qui est, encore aujourd'hui, le soubassement des droits des journalistes.

Sous l'occupation allemande pendant la Seconde Guerre mondiale, de nombreux journaux subissent la censure, sauf ceux qui acceptent de collaborer avec le régime de Vichy, dirigé par le Maréchal Pétain. Du coup, la presse clandestine s'organise. Les journaux de la Résistance se multiplient. Parmi eux, citons *Combat*, dont le rédacteur en chef est Georges Bidault, ou *Libération*, créé en juillet 1941 par Raymond Aubrac et Emmanuel d'Astier de La Vigerie. En 1944, les ordonnances sur la liberté de la presse confisquent les journaux collaborationnistes et proposent une nouvelle organisation de la presse.

De la Libération jusqu'aux années 1960

Commencée durant la période de l'entre-deux-guerres, l'expansion de la presse magazine et de la presse quotidienne régionale se poursuit. Les quotidiens *Ouest-France* et les *Dernières Nouvelles d'Alsace* deviennent des références régionales. Issu du journal résistant *Défense de la France*, le quotidien *France Soir* voit son apogée au début des années 1950, son tirage dépasse régulièrement le million d'exemplaires. Il couvre abondamment les événements d'Indochine et d'Algérie.

Des années 1970 jusqu'à nos jours

Le premier choc pétrolier de 1973 n'est pas sans conséquences économiques sur la presse française. Par ailleurs, le développement de la télévision concurrence sévèrement les journaux. En 1968, déjà 62 % des foyers français ont un poste de télévision. Les magazines de télévision sont tirés à 3,5 millions d'exemplaires en 1970, puis à 6,3 millions d'exemplaires en 1980.

Pour remédier à ces difficultés, les quotidiens diversifient leurs sujets dès 1968. La part des informations culturelles et sportives augmente au détriment de la place accordée à la politique. Les quatre grands quotidiens français sont *Le Monde*, *France-Soir*, *Le Figaro* et *L'Humanité*. En 1971, *Le Monde* tire à 347 783 exemplaires mais a tendance à stagner. En revanche, la presse magazine gagne du terrain. En 1974, *L'Express* connaît un tirage de 720 000 exemplaires. *Le Nouvel Observateur* et *Le Point* tirent chacun à 350 000 et 275 000 exemplaires.

La fin des années 1980 voit la montée en puissance de la presse économique et financière. Les privatisations se multiplient.

Cette presse financière est ensuite affaiblie par la crise qui suit la réunification de l'Allemagne en 1989 et par les variations du Système Monétaire Européen.

Jusqu'en 1992, la France compte encore quatre quotidiens économiques, mais le dernier disparaît en 2012. Peu avant disparaissent aussi les derniers titres de la presse financière.

Pour les magazines économiques, *Capital* et *Challenges* concurrencent dangereusement *L'Expansion* et *Le Nouvel Économiste*, plus anciens.

La presse aujourd'hui

La liberté de la presse écrite est remise en cause par l'existence de grands groupes de journaux proches du pouvoir. En 2016, sept des onze plus grands milliardaires français possèdent l'essentiel de la presse d'information. D'autre part, la presse écrite traditionnelle pâtit du développement de la presse gratuite et d'Internet. L'accès gratuits aux informations sur des sites comme *Google Actualités* et Yahoo *actualités* est attractif, mais pose parfois le problème de la qualité de l'information. Plus fiables, certains journaux numériques ont été créés par d'éminents journalistes venus de la presse papier. On pense à *Rue89*, fondé par des anciens de *Libération*, *Bakchich*, créé par des anciens du *Canard enchaîné*, *Mediapart*, dont les créateurs Edwy Plenel, Laurent Mauduit et François Bonnet sont d'anciens directeurs du quotidien *Le Monde*. Dans certains pays privés de la liberté de la presse, les réseaux sociaux peuvent être essentiels à la communication. En 2011, des réseaux tels que Twitter ou Facebook jouent un rôle majeur lors des révolutions arabes. En Tunisie notamment, durant la « Révolution de jasmin », ils encouragent le soulèvement populaire qui conduira à la fuite du président Ben Ali. De même, en Egypte, ils contribuent au rassemblement sur la place Tahir, au Caire, mais il serait abusif d'en faire le seul facteur de la révolution. Comme l'exprime le cyberdissident égyptien Wael Ghonim :

> « J'aime à appeler ça la révolution Facebook mais après avoir vu les gens ici [place Tahir], je dirais que c'est la révolution du peuple égyptien. C'est formidable ».

L'analyse d'un article de journal

Les différents types d'articles

Certains articles donnent l'information de manière objective : la **brève** (information concise de quelques lignes, sans titre) ; le **filet** (petit article, titré) ; le portrait ; l'enquête ; le reportage.

À l'inverse, d'autres articles font intervenir le commentaire du journaliste sur l'actualité : l'**éditorial** (présentation de l'actualité de la Une du journal) ; la **tribune libre** (opinion extérieure à la rédaction, article signé) ; la **chronique**) (rubrique régulière tenue par un journaliste de la rédaction) ; critique ; **billet** (commentaire polémique ou humoristique sur un fait d'actualité)...

À la différence des autres types d'articles, l'enquête et le reportage, auxquels on peut rajouter l'interview, se pratiquent sur le terrain.

On appelle « **ligne éditoriale** » l'orientation politique, sociale, religieuse d'un journal : *L'Humanité* est le journal du parti communiste, *La Croix* un journal catholique...

La structure d'un article de journal

Le titre peut être purement informatif ou incitatif (par exemple si une formule frappante fait réagir le lecteur).

Le **chapeau** (chapô) coiffe l'article. C'est un court texte d'introduction placé sous le titre. Il résume l'information en incitant à la lecture.

Une **accroche** comprend une ou deux phrases au début de l'article. Elle doit capter l'attention du lecteur.

Le développement peut être organisé en sous parties séparées par des intertitres. Les intertitres relancent le sujet, mettent en valeur une idée…

Un article est rédigé selon la règle de la **pyramide inversée**. Les informations les plus importantes se trouvent au début. Le 1er paragraphe doit répondre aux questions de référence « Qui ? » « Quoi ? » « Quand ? » « Où ? ». Ensuite viennent les réponses aux questions « Comment ? » et « Pourquoi ? ». Les explications précises et détaillées sont développées en dernier.

La chute termine l'article sur une réflexion personnelle, humoristique ou sur une ouverture qui relance le débat.

Des illustrations complètent l'article. Il peut s'agir de schémas, de photos, de tableaux. Chaque illustration est accompagnée d'une légende.

D'autres types de plans que la pyramide inversée sont possibles : plan chronologique, simple ou inversé ; plan analytique (causes-conséquences, ou l'inverse) ; plan dialectique (peser le pour et le contre) ; plan polémique (on défend une thèse, on réfute les autres).

Le style d'un article de journal

Le style journalistique et simple et clair.

Le vocabulaire employé privilégie les mots courts, d'une ou deux syllabes, pour ne pas lasser le lecteur. En effet, un mot de trois syllabes oblige le lecteur à deux prises de vue et le fatigue. Le niveau de langue est courant ou familier. Les sigles et les noms propres doivent être explicités.

Les phrases sont courtes. Il ne faut pas dépasser une vingtaine de mots par phrase car la mémoire à court terme est limitée. De la même façon, on n'emploie pas plus d'une subordonnée par phrase. L'ordre sujet/verbe/complément est recommandé.

5. Prolongement culturel: la rhétorique grecque et romaine aux sources de l'argumentation

La naissance de la rhétorique

Prononcer un discours pour célébrer ou condamner un homme, un événement relève de l'art de « bien parler », de l'**éloquence**.

L'art de composer des discours, ou **rhétorique**, est né dans la Sicile grecque du Ve siècle av. J.-C., puis s'est développé à Athènes, aux Ve et IVe siècles av. J.-C.

La rhétorique se développe ensuite à Rome dès le IIIe siècle av. J.-C. En 55 av. J.-C., Cicéron, un des plus grands orateurs romains, rédige un ouvrage théorique intitulé *De l'orateur.* Voici comment il définit la rhétorique :

> « Certainement rien ne me semble plus beau que de pouvoir, par la parole, retenir l'attention des hommes assemblés, séduire les intelligences, entraîner les volontés à son gré, en tout sens. »

On ne saurait mieux définir les effets de la persuasion sur un auditoire.

L'art de la composition

Pour être efficace, le discours rhétorique doit répondre à certaines règles de composition.

Traditionnellement, il comprend plusieurs parties précisément définies :

- l'*inventio* (invention) est la recherche des idées.
- la *dispositio* (disposition) est la mise en ordres des idées.
- l'*elocutio* (élocution) est le choix du style le mieux adapté au discours. Elle inclut le choix des figures de style.
- l'*actio* (action) est le travail de la diction et du geste. Elle ne concerne que les discours oraux.

Les différents types de discours rhétoriques

Le philosophe Aristote définira les trois genres de discours qui composent la rhétorique : l'épidictique, le judiciaire, le délibératif.

1. Le discours **démonstratif** ou **épidictique** porte un jugement de valeur. Un jugement positif est un **éloge**, un jugement négatif est un **blâme**.

Dans l'Antiquité grecque, l'éloge est empreint d'une certaine solennité : les Grecs l'utilisent pour rendre hommage à leurs héros dans l'épopée. Pindare l'adopte dans ses odes pour glorifier en vers les athlètes vainqueurs, lors des fêtes données pour célébrer la victoire des Grecs sur les Perses ; et l'on chante, dans les tragédies et les comédies, les grandes victoires militaires. Puis avec Périclès se développe l'éloge des morts (= **oraison funèbre**).

Le **panégyrique** fait la louange d'une personne illustre, d'une nation ou d'une cité. Il devient le type même du discours élogieux.

Au IVe siècle av. J.-C., l'orateur Isocrate compose un panégyrique d'Athènes, pour célébrer les vertus civilisatrices de sa ville.

Ainsi, de manière récurrente, l'éloge affirme trois valeurs importantes dans la Grèce antique : l'excellence de la race, la fidélité aux dieux et la gloire de la cité.

Sur le plan de la forme, l'éloge se caractérise par un lexique valorisant. Les figures de style soulignent le jugement positif du locuteur : comparaisons, métaphores, périphrases, hyperboles.

Inversement, le blâme utilise un lexique dévalorisant. Les figures de style renforcent un jugement négatif : antithèses, antiphrases, ironie.

2. Le discours **judiciaire** a pour objectif la vérité. Il recherche les causes d'un acte ou d'un fait pour décider si une action est juste ou injuste, volontaire ou involontaire. La logique du discours est donc primordiale. Les figures de l'amplification sont fréquentes.

Dans l'ancienne rhétorique, le discours judiciaire comprend cinq grandes parties :

- l'*exorde* sollicite l'attention et l'indulgence des juges
- la *narration* est l'exposé chronologique des faits
- la *confirmation* soutient l'hypothèse (défense ou accusation) qui résulte de la narration
- la *réfutation* répond aux objections de la partie adverse
- la *péroraison* est la conclusion qui doit remporter l'adhésion de l'auditoire.

L'orateur doit présenter une image impeccable de lui-même (l'*ethos*). Il soigne la démonstration (le *logos*). Il fait appel, en dernier recours, aux sentiments de l'auditoire (le *pathos*).

Dans les œuvres littéraires, on retrouve le discours judiciaire dans certaines scènes théâtrales (jugement du roi dans *Le Cid*, de Corneille), dans des plaidoyers (extraits des *Confessions* de Rousseau) ou des réquisitoires (le discours du vieillard dans le *Supplément au voyage de Bougainville* de Diderot).

3. Le **discours délibératif** repose sur la discussion. Il examine les arguments pour ou contre afin d'éclairer le choix de l'auditeur ou du lecteur. Il a donc souvent une forme dialoguée. Il est au centre du débat politique.

Ce type de discours fait appel aux articulations logiques (opposition, rapport de cause à effet). La présence du locuteur dans le discours est renforcée par les tournures interrogatives et exclamatives, ou par le lexique (expression du jugement, du doute…).

Fiche mémento : les connecteurs logiques

	Prépositions	**Adverbes**	**Conjonctions de coordination**	**Conjonctions de subordination**
L'expression de la cause	À cause de, grâce à…	En effet…	Car…	Parce que, puisque…
L'expression de la conséquence	Au point de…	Par consé-quent, ainsi aussi…	Donc…	Si bien que, de sorte que, tellement… que, si… que…
L'expression de l'opposition	Malgré, en dépit de…	En revanche, cependant, toutefois, néanmoins, portant…	Mais, or…	Alors que, tandis que…
L'expression de la concession		Certes, sans doute, cependant, toutefois, néanmoins,…	Mais…	Bien que, quoique, même si…
L'expression du but	Pour…			Pour que, afin que…
L'expression de l'addition	Outre	Aussi, de plus, en outre, par ailleurs, de surcroît…	Et, ni… ni…, ou	
L'expression de la condition				Si, pourvu que, à condition que…

Rappel : juxtaposition / coordination / subordination

Les propositions peuvent être juxtaposées, coordonnées ou subordonnées.

Exemple : – La neige tombe ; il fait froid. (juxtaposition) – La neige tombe ; donc il fait froid. (coordination, expression de la conséquence) – La neige tombe, si bien qu'il fait froid. (subordination, expression de la conséquence).

Fiche mémento : les genres de l'argumentation

Argumentation directe

Genre	Définition	Exemple
L'essai	Écrit de forme libre dans lequel l'auteur exprime son opinion.	*Essais*, Montaigne (1580-1588)
Le plaidoyer	On défend une thèse (arguments pour).	*De l'esprit des lois*, « De l'esclavage des nègres », Montesquieu (1748).
‡ le réquisitoire	On réfute une thèse (arguments contre).	Préface du *Dernier Jour d'un condamné*, Victor Hugo (1829).
Le pamphlet	Écrit polémique, violent et agressif	*De l'horrible danger de la lecture*, Voltaire (1765)
L'article de dictionnaire	Écrit formant un tout distinct dans une publication, un journal.	*L'Encyclopédie ou Dictionnaire raisonné des sciences, des arts et des métiers*, entreprise dirigée par Diderot (1751-1772)
Le manifeste	On expose ses idées politiques, littéraires…	*Défense et illustration de la langue française*, Du Bellay (1549) : manifeste littéraire des poètes de la Pléiade.
La maxime	Formule qui résume un principe de morale, une règle de conduite ou un jugement d'ordre général	*Maximes*, La Rochefoucauld (1665)

Argumentation indirecte

Genre	Définition	Exemple
L'apologue : la fable	L'apologue est un récit à visée argumentative La fable est composée d'un récit et d'une morale	*Fables*, La Fontaine (1668-1694)
L'apologue : le conte philosophique	Le conte philosophique est composé d'un récit à caractère merveilleux et d'une morale implicite ou explicite.	*Candide, ou l'Optimisme*, Voltaire (1759)
L'apologue : l'utopie **‡ la contre – utopie**	L'utopie propose un modèle de société idéale. La contre-utopie donne à voir un univers oppressant et souvent totalitaire.	L'abbaye de Thélème, *Gargantua*, Rabelais (1534) *1984*, George Orwell (1948)
Le dialogue philosophique	Ouvrage littéraire en forme de conversation qui permet à l'auteur d'exposer ses idées en faisant tenir le rôle de contradicteur à l'un des personnages.	*Supplément au voyage de Bougainville*, Diderot (1772)
Le roman à thèse	Roman qui illustre une thèse politique, morale ou philosophique.	*La Peste,* Camus (1947) : roman humaniste.
Le portrait satirique	Représentation narrative qui met en évidence les traits physiques et psychiques d'une personne qui devient un type humain (le riche, le faux-dévot…).	*Les Caractères, ou les Mœurs de ce siècle*, La Bruyère (1688)

Bibliographie commentée

Les lectures sont à intégrer dans le carnet personnel de lectures et de formation culturelle de l'élève.

XIXe siècle

- Victor Hugo, *Le Dernier Jour d'un condamné* : un homme, condamné à mort, vit ses dernières heures. Il exprime sa souffrance… Un vibrant plaidoyer contre la peine de mort.
- Zola, *J'accuse* : dans un article retentissant, Zola prend parti pour l'officier Dreyfus, accusé à tort de trahison à cause de ses origines juives…

XXe siècle

- Camus, *Le mythe de Sisyphe* : Sisyphe roule son rocher au sommet de la montagne, puis recommence… Une métaphore de la condition humaine revisitée par Camus.
- Camus, *L'homme révolté* : constater l'absurdité du monde ne suffit pas, il faut passer à l'action
- Sartre, *L'existentialisme est un humanisme* : un essai en faveur de la liberté humaine…
- Aldous Huxley, *Le Meilleur des mondes* : projection effrayante d'un monde où l'on sélectionne les embryons…
- George Orwell, *1984* : un roman d'anticipation qui met en garde sur les dangers de la dictature : Big Brother nous surveille…
- George Orwell, *La ferme des animaux* : les animaux se révoltent et prennent le pouvoir. Réussiront-ils à établir une démocratie ?
- Simone de Beauvoir, *le Deuxième Sexe* : manifeste féministe essentiel pour l'histoire de la lutte des femmes.
- Georges Perec, *Les Choses* : le roman décrit la société de consommation des années soixante.
- Aimé Césaire, *Cahiers d'un retour au pays natal* : le regard d'un poète martiniquais sur la colonisation ; la revendication de la « négritude ».
- Jean-Claude Carrière, *La Controverse de Valladolid* : retour sur la colonisation espagnole au XVIe siècle… Le débat porte sur la nature des Indiens : sont-ils ou non des « esclaves-nés » ?

- Emmanuel Carrère, *L'Adversaire* : l'auteur revient sur l'affaire Romand. Il essaie de comprendre ce qui a conduit ce soi-disant médecin à tuer toute sa famille.
- Philippe Claudel, *L'Enquête* : le lecteur se perd avec le personnage dans les méandres d'un monde étrange, de plus en plus déshumanisé… Un récit qui n'est pas sans rappeler l'ouvrage de George Orwell, *1984.*

XXIe siècle

- Stéphane Hessel, *Indignez-vous* : malgré son grand âge, cet ancien résistant fait preuve d'une énergie extraordinaire pour secouer les consciences face aux dysfonctionnements du monde actuel…
- Stéphane Hessel, *Engagez-vous* : la suite logique de l'essai précédent…

Énoncés des exercices

* Exercice 1

Formulez une opinion (= une thèse) sur chacun des thèmes suivants :

- La communication par internet : MSN, blogs…
- La lecture
- Le rôle des parents dans l'éducation.

** Exercice 2

1. Quelle thèse pouvez-vous formuler pour chaque série d'arguments suivants :

   a. La pratique de l'anglais est souvent requise pour entrer dans le monde professionnel – L'anglais est très utile pour voyager – Beaucoup de notices et de modes d'emploi sont rédigés en anglais.

   b. Les voyages permettent de découvrir d'autres modes de vie – Les voyages forment la jeunesse – Voyager favorise la réflexion critique.

2. « Il faut lire ! » : Daniel Pennac s'amuse à fournir toutes sortes d'arguments en faveur de cette thèse dans son livre *Comme un roman*. Essayez de les retrouver.

3. Trouvez deux exemples pour illustrer cet argument : « les jeux vidéos sont dangereux ».

** Exercice 3

1. Supprimez les modalisateurs dans les phrases suivantes :

   Malheureusement il va pleuvoir.
   Je pense qu'il viendra.
   Les fugitifs pourraient déjà avoir passé la frontière.

2. Voici un texte écrit par Maupassant dans un journal pour exprimer son opinion à propos de la construction de la Tour Eiffel.

   Vous relèverez et classerez les modalisateurs qui permettent de préciser cette opinion.

   Puis vous reformulerez clairement la position défendue par Maupassant.

   > « Depuis un mois, tous les journaux illustrés nous présentent l'image affreuse et fantastique d'une tour de fer de trois cents mètres qui s'élèvera sur Paris comme une corne unique et gigantesque.

Ce monstre poursuit les yeux à la façon d'un cauchemar, hante l'esprit, effraie d'avance les pauvres gens naïfs qui ont conservé le goût de l'architecture artiste, de la ligne et des proportions. Cette pointe de fonte épouvantable n'est curieuse que par sa hauteur. Les femmes colosses ne nous suffisent plus. Après les phénomènes de chair, voici les phénomènes de fer. Cela n'est ni beau, ni gracieux, ni élégant, – c'est grand, voilà tout. On dirait l'entreprise diabolique d'un chaudronnier atteint de délire des grandeurs.

Pourquoi cette tour, pourquoi cette corne ? Pour étonner ? Pour étonner qui ? Les imbéciles. On a donc oublié que le mot art signifie quelque chose. »

Gil Blas, 19 octobre 1886.

*** Exercice 4

1. Formulez une thèse opposée à chacune des opinions suivantes :
   - Le téléphone portable est un formidable outil de communication.
   - L'argent ne fait pas le bonheur.
   - « Le travail éloigne de nous trois grands maux : l'ennui, le vice et le besoin » (*Candide*, Voltaire).
2. Repérez le thème de l'argumentation, puis reformulez clairement la thèse soutenue et la thèse rejetée.

   « On se fait une grande affaire de chercher les meilleures méthodes d'apprendre à lire ; on invente des bureaux, des cartes, on fait de la chambre d'un enfant un atelier d'imprimerie. Locke veut qu'il apprenne à lire avec des dés. Ne voilà-t-il pas une invention bien trouvée ? Quelle pitié ! Un moyen plus sûr que tout cela, et celui qu'on oublie toujours, est le désir d'apprendre. Donnez à l'enfant ce désir, puis laissez là vos bureaux et vos dés, toute méthode lui sera bonne. »

   Émile, Rousseau, 1762.

*** Exercice 5

Étude de la Préface du *Dernier jour d'un condamné*, Victor Hugo (1829)

1. L'argumentation est-elle directe ou indirecte ?
2. Quelle est la thèse défendue par l'auteur ? Quelle est la thèse qu'il réfute ? Quel est le genre du texte ? Le registre ?
3. Faites le schéma argumentatif du texte en repérant notamment l'enchaînement des différents arguments.
4. Quels sont les procédés rhétoriques utilisés par Victor Hugo ? Cherche-t-il à convaincre ou à persuader le lecteur ?

« Ceux qui jugent et qui condamnent disent la peine de mort nécessaire. D'abord, – parce qu'il importe de retrancher de la communauté sociale un membre qui lui a déjà nui et qui pourrait lui nuire encore. – S'il ne s'agissait que de cela, la prison perpétuelle suffirait. À quoi bon la mort ? vous objectez qu'on peut s'échapper d'une prison ? Faites mieux votre ronde. Si vous ne croyez pas à la solidité des barreaux de fer, comment osez-vous avoir des ménageries ?

Pas de bourreau où le geôlier suffit.

Mais, reprend-on, – il faut que la société se venge, que la société punisse. – Ni l'un, ni l'autre. Se venger est de l'individu, punir est de Dieu.

La société est entre deux. Le châtiment est au-dessus d'elle, la vengeance au-dessous. Rien de si grand et de si petit ne lui sied. Elle ne doit pas « punir pour se venger » ; elle doit corriger pour améliorer.

Transformez de cette façon la formule des criminalistes, nous la comprenons et nous y adhérons.

Reste la troisième et dernière raison, la théorie de l'exemple. – Il faut faire des exemples. Il faut épouvanter par le spectacle du sort réservé aux criminels ceux qui seraient tentés de les imiter ! – Voilà bien à peu près textuellement la phrase éternelle dont tous les réquisitoires des cinq cents parquets de France ne sont que des variations plus ou moins sonores. Eh bien ! Nous nions d'abord qu'il y ait exemple. Nous nions que le spectacle des supplices produise l'effet qu'on en attend. Loin d'édifier le peuple, il le démoralise, et ruine en lui toute sensibilité, partant toute vertu. Les preuves abondent, et encombreraient notre raisonnement si nous voulions en citer. Nous signalerons pourtant un fait entre mille, parce qu'il est le plus récent. Au moment où nous écrivons, il n'a que dix jours de date. Il est du 5 mars, dernier jour du carnaval. À Saint-Pol, immédiatement après l'exécution d'un incendiaire nommé Louis Camus, une troupe de masques est venue danser autour de l'échafaud encore fumant. Faites donc des exemples ! Le Mardi-gras vous rit au nez. »

** Exercice 6

Extrait du « Discours de M. de Lamartine » au banquet donné à Paris le 10 mars 1842 par les abolitionnistes français.

À cette date, Lamartine est député. Pour mémoire, l'esclavage ne sera aboli en France que le 27 avril 1848 par le décret de Victor Schœlcher.

Quels sont les procédés utilisés pour persuader l'auditoire de la nécessité d'abolir l'esclavage ?

« [...] Et maintenant, est-il vrai que nous soyons moins patriotes parce que nous voulons donner une patrie à toute une race d'hommes proscrits et sans place au soleil ? Est-il vrai que nous soyons moins patriotes que ceux qui, en se félicitant d'avoir tous les biens de la vie civile, ne veulent pas que d'autres les possèdent ? Est-ce que l'héritage des enfants de Dieu sur la terre ressemble à cet héritage borné du père de famille, où les fils ont une part d'autant moins large qu'ils en donnent une part plus grande à leurs frères ? Non, vous le savez bien ; le domaine du père commun des hommes est sans borne ; il s'étend avec la civilisation et avec le travail à mesure que des races nouvelles se présentent pour le cultiver ; c'est l'infini en espace, en droits, en facultés, en développements ; c'est le champ de Dieu. »

** Exercice 7

En 1939, Camus se lance dans une enquête en Kabylie. Dans une série d'articles, il s'élève contre les arguments des colons pour maintenir les musulmans dans leur condition misérable. L'article suivant est publié dans Alger républicain en juin 1939. Après l'avoir lu, vous répondrez aux questions que voici :

1. Le début de l'article répond-il aux questions de référence « Qui ? Quoi ? Où ? Quand ? » ?
2. Comment Camus rend-il son article vivant ? Comment donne-t-il à voir la misère des Kabyles ?
3. Comment se termine l'article ?

« Par un petit matin, j'ai vu à Tizi-Ouzou des enfants en loques disputer à des chiens kabyles le contenu d'une poubelle. À mes questions, un Kabyle a répondu : « *C'est tous les matins comme ça.* » Un autre habitant m'a expliqué que l'hiver, dans le village, les habitants, mal nourris et mal couverts, ont inventé une méthode pour trouver le sommeil. Ils se mettent en cercle autour d'un feu de bois et se déplacent de temps en temps pour éviter l'ankylose. Et la nuit durant, dans le gourbi misérable, une ronde rampante de corps couchés se déroule sans arrêt. Ceci n'est sans doute pas suffisant puisque le Code forestier empêche ces malheureux de prendre le bois où il se trouve et qu'il n'est pas rare qu'ils se voient saisir leur seule richesse, l'âne croûteux et décharné qui servit à transporter les fagots. Les choses, dans la région de Tizi-Ouzou, sont d'ailleurs allées si loin qu'il a fallu que l'initiative privée s'en mêlât. Tous les mercredis, le sous-préfet, à ses frais, donne un repas à 50 petits Kabyles et les nourrit de bouillon et de pain. Après quoi, ils peuvent attendre la distribution de grains qui a lieu au bout d'un mois. Les sœurs blanches et le pasteur Rolland contribuent aussi à ces œuvres de charité.

[...] On aura senti du moins que la misère ici n'est pas une formule ni un thème de méditation. Elle est. Elle crie et elle désespère. Encore une fois, qu'avons-nous fait pour elle et avons-nous le droit de nous détourner d'elle ? »

* Exercice 8

Transformez les phrases juxtaposées suivantes en propositions subordonnées, sans en modifier l'ordre. Vous préciserez le lien logique établi pour chaque nouvelle phrase.

1. Je travaille ; je peux réussir cet examen.
2. Je vais acheter une voiture à crédit ; je dois trouver un CDI.
3. Je ne vais pas venir ; il pleut.

Corrigés des exercices

Exercice 1

- La communication par internet ne doit pas remplacer la communication réelle et vécue.
- La lecture est une formidable ouverture sur le monde.
- Le rôle des parents dans l'éducation est primordial.

Exercice 2

1. Thèses
   a. La maîtrise de l'anglais est devenue indispensable aujourd'hui.
   b. Les voyages sont une source d'enrichissement personnel.
2. Arguments

   « […]
   – Pour entretenir notre curiosité.
   – Pour nous distraire.
   – Pour nous cultiver.
   – Pour communiquer.
   – Pour exercer notre esprit critique. »

   Daniel Pennac, *Comme un roman.*
3. Exemples

- Certains jeux comme *World of Warcraft* banalisent la mort et peuvent inciter les jeunes à perdre le sens des valeurs.
- Certains jeux, tel *Aïon*, créent une dépendance et incitent à une dangereuse addiction.

Exercice 3

1. Il va pleuvoir.

   Il viendra.
   Les fugitifs ont déjà passé la frontière.

2. Voici les modalisateurs que l'on peut relever :
   - Adjectifs dévalorisants : « affreuse », « épouvantable »
   - Comparaisons péjoratives : « comme une corne unique et gigantesque. », « à la façon d'un cauchemar »
   - Métaphore dépréciative : « monstre »
   - Termes péjoratifs : « effraie »
   - Périphrases dévalorisantes : « Cette pointe de fonte », « les phénomènes de fer », « l'entreprise diabolique d'un chaudronnier ».
   - Négations mises en évidence par le rythme ternaire : « ni beau, ni gracieux, ni élégant, ».
   - Questions rhétoriques : « Pourquoi cette tour, pourquoi cette corne ? Pour étonner ? Pour étonner qui ? »

Guy de Maupassant prend nettement position contre la construction de la tour Eiffel qu'il considère comme une horreur architecturale et esthétique.

Exercice 4

1. Thèses opposées :
   - Le téléphone portable est un obstacle à la véritable communication, directe et authentique.
   - L'argent contribue au bonheur.
   - Le travail est monotone, parfois immoral et ne permet pas toujours de subvenir à ses besoins.

2. Thème de l'argumentation : l'apprentissage de la lecture.
   - Thèse soutenue : Susciter le désir de lire est la meilleure méthode d'apprentissage.
   - Thèse rejetée : le déploiement de toutes sortes d'inventions matérielles est inutile pour bien apprendre à lire.

Exercice 5

1. L'argumentation est directe. Elle ne fait pas appel à une fiction. Elle est explicite.

2. Victor Hugo est partisan de l'abolition de la peine de mort.

Il réfute la nécessité de la peine de mort.

Le texte est un réquisitoire contre la peine de mort. Le registre est polémique.

3. Schéma argumentatif du texte :

Victor Hugo reprend et réfute méthodiquement tous les arguments des partisans de la peine de mort.

- **Argument 1 de l'adversaire** : il faut retrancher de la société un membre dangereux qui pourrait encore nuire.
- **Réfutation de l'argument 1** : La réclusion suffi t si les prisons sont sûres.
- **Argument 2 de l'adversaire** : la société doit venger et punir
- **Réfutation de l'argument 2** : La société ne doit ni se venger, ni punir ; elle doit corriger pour améliorer.
- **Argument 3 de l'adversaire** : La justice doit faire des exemples
- **Réfutation de l'argument 3** : Les exemples sont inutiles.

L'enchaînement entre les différents arguments est nettement marqué par des termes tels que « D'abord », « Mais », « Reste la troisième et dernière raison ».

4. Voici les procédés rhétoriques utilisés par Victor Hugo :

- Dialogue instauré entre les partisans de la peine de mort et ses adversaires, comme le montrent de nombreux verbes de paroles : « disent », « vous objectez », « reprend-on », « Voilà bien à peu près textuellement la phrase éternelle [...] ».
- Questions rhétoriques : « À quoi bon la mort ? », « Si vous ne croyez pas à la solidité des barreaux de fer, comment osez-vous avoir des ménageries ?
- Maximes au présent de vérité générale, accentuées par le rythme binaire : « Pas de bourreau où le geôlier suffit. », « Se venger est de l'individu, punir est de Dieu. », « Elle ne doit pas « punir pour se venger » ; elle doit corriger pour améliorer. »
- Reprise anaphorique : « Nous nions [...]. Nous nions [...]
- Anecdote du carnaval : saynète qui rend plus vivante l'argumentation.
- Utilisation du « nous » qui implique le lecteur.

Victor Hugo cherche à convaincre le lecteur par le caractère très rigoureux de sa démonstration. L'utilisation de nombreux procédés rhétoriques relève aussi de la persuasion car Victor Hugo cherche également à influencer le lecteur pour le rallier à sa cause.

Exercice 6

De nombreux procédés rhétoriques rendent le discours très éloquent et persuasif.

- L'anaphore « est-il vrai que nous soyons moins patriotes » permet de réfuter l'argument selon lequel abolir l'esclavage nuirait à la patrie.
- Trois questions rhétoriques successives interpellent l'interlocuteur.
- L'emploi du pronom « vous » permet d'impliquer l'interlocuteur (« vous le savez bien ; »).
- Des périphrases sont utilisées pour opposer les esclaves et les esclavagistes. L'expression « toute une race d'hommes proscrits et sans place au soleil » insiste sur la condition misérable des esclaves. La périphrase « ceux qui [...] ne veulent pas que d'autres les possèdent » dénonce les partisans de l'esclavage. L'antithèse entre « se félicitant » et « ne veulent pas » traduit qu'ils dénient aux autres ce qu'ils sont heureux de posséder.
- Un raisonnement par analogie (« ressemble à »), très vite réfuté (« Non »), introduit l'argument religieux. Comme dans une parabole, le mauvais « père de famille » s'oppose « au père commun des hommes », c'est-à-dire à Dieu. Le premier fait un partage inégal de son héritage « borné » tandis que le second offre un domaine « sans borne ». L'énumération « en espace, en droits, en facultés, en développements » insiste sur le caractère infini du royaume de Dieu, où toutes les « races nouvelles » ont leur place.
- La métaphore du « champ de Dieu » clôt la période oratoire, c'est-à-dire la longue phrase qui précède. C'est la chute du paragraphe.

Tous ces procédés concourent à montrer l'égoïsme des esclavagistes. Lamartine fait prévaloir l'argument religieux. Le royaume de Dieu est assez vaste pour y accueillir tout homme, quelle que soit sa race.

Exercice 7

1. Le début de l'article répond aux questions de référence :

   – Qui ? .... des enfants.

   – Quoi ? .... la misère (« en loques », mal nourris et mal couverts », « gourbi misérable »).

   – Où ? .... « à Tizi-Ouzou » (au nord de l'Algérie).

   – Quand ? .... « par un petit matin », scène répétitive (« C'est tous les matins comme ça »).

   La suite de l'article approfondit le sujet et répond aux questions « comment » et « pourquoi ».

Les repas distribués aux enfants sont rares (« Tous les mercredis »), la distribution de grains est mensuelle. L'« initiative privée », les « œuvres de charité » ne suffisent pas. L'administration coloniale est responsable de cette situation (« le Code forestier », « ils se voient saisir leur seule richesse »).

2. Camus donne à voir des scènes concrètes, il nous livre différents moments de la vie quotidienne : les conditions difficiles pour dormir durant la nuit, les repas frugaux (« du bouillon et du pain ») distribués aux enfants chaque semaine…

   Les paroles rapportées (« c'est tous les matins comme ça ») rendent plus vivante la démonstration.

   Camus s'appuie aussi sur des chiffres précis (« 50 petits Kabyles ») pour évoquer l'ampleur de la misère.

3. L'article se termine par une question rhétorique (sorte de chute) qui renvoie le lecteur à ses responsabilités. La réponse implicite à la question « avons-nous le droit de nous détourner d'elle ? » est « non ». Elle doit inciter à prendre conscience de la situation des Kabyles et à agir en leur faveur.

Exercice 8

1. Je peux réussir cet examen à condition que je travaille (subordonnée, expression de la condition)
2. Je vais acheter une voiture à crédit si bien que je dois trouver un CDI. (subordonnée, expression de la conséquence).
3. Je ne vais pas venir parce qu'il pleut. (subordonnée, expression de la cause).

Le travail de l'écrit

1 L'argumentation – l'initiation à la dissertation

1. La construction et l'enchaînement des paragraphes

Construire un paragraphe

Le paragraphe est l'unité de base dans la construction d'une argumentation.

Un paragraphe commence toujours par un **alinéa**. Il faut commencer le paragraphe en retrait, à droite de la marge.

En début de paragraphe, une phrase annonce l'argument de ce paragraphe.

Puis le reste du paragraphe développe cet argument, en s'appuyant sur un exemple.

Parfois, c'est à la fin du paragraphe que l'argument est formulé ou repris.

À retenir : un argument par paragraphe, et un paragraphe par argument.

Construire une partie de devoir : l'ordre et l'enchaînement des paragraphes

Une partie de devoir est constituée de plusieurs paragraphes qui se suivent pour soutenir une même thèse.

L'ordre des paragraphes

Il ne doit pas être laissé au hasard.

Les paragraphes doivent au moins être classés par ordre d'importance, en allant du moins important au plus important.

Sinon, le classement peut être thématique ou logique (voir 2.)

L'enchaînement des paragraphes

Les mots de liaison (= **connecteurs logiques)** permettent de préciser le lien d'un paragraphe à l'autre.

D'une part /d'autre part /enfin : On procède par ajouts si l'on classe les arguments de manière thématique (domaines historique, économique, social, culturel…), ou par ordre d'importance.

En effet /par conséquent /c'est pourquoi : On peut aussi proposer un classement logique des arguments : lien de cause à effet, par exemple.

2. La construction d'un devoir d'argumentation

L'analyse du libellé du sujet

Le libellé du sujet est l'énoncé du sujet. Il peut se présenter sous la forme d'une citation ou d'une simple phrase.

L'analyse du libellé est essentielle pour bien comprendre la **thèse** contenue dans le sujet. La thèse est l'idée défendue par celui qui l'énonce C'est cette thèse qu'il va falloir ensuite justifier ou discuter.

La recherche des arguments et des exemples

Elle doit être menée à partir de la thèse repérée dans le sujet.

- Si le sujet invite à justifier la thèse, on cherchera des arguments en faveur de la thèse.
- Si le sujet invite à discuter la thèse, on cherchera des arguments en faveur de la thèse, puis des arguments pour la nuancer ou la remettre en question.

À chaque argument doit correspondre un exemple qui l'illustre. On cherchera les exemples dans les textes et les œuvres étudiés en classe, ou dans les lectures personnelles.

L'organisation des arguments : les types de plans

Après avoir trouvé les arguments, il faut les classer en deux ou trois grandes parties.

Justifier une thèse

Les grandes parties du devoir

Pour justifier une thèse, trois types de plans sont possibles :

1. Le plan **par ordre croissant d'importance**.
2. Le plan **thématique** : on peut envisager les domaines historique, économique, politique, culturel…
3. Le plan **logique** : causes, conséquences, solutions…

Les sous-parties

Il faut refaire un classement à l'intérieur de chaque grande partie.

Les classements par ordre d'importance, thématique ou logique peuvent être repris à l'intérieur de chaque grande partie.

Discuter une thèse

Les grandes parties du devoir

Dans la première grande partie du devoir, il faut toujours tenter de justifier la thèse du sujet, même si elle ne correspond pas à son opinion personnelle.

La deuxième grande partie du devoir sert à nuancer, compléter, remettre en cause la thèse du sujet.

Pour discuter une thèse, le plan le plus approprié est donc le **plan dialectique** simplifié, du type :

I. OUI…

II. MAIS…

Attention ! Il est préférable d'éviter la formulation classique : I. Thèse / II. Antithèse, car elle peut inciter à se contredire. Il ne s'agit pas de soutenir une chose dans la première partie, puis de dire le contraire dans la deuxième. L'argumentation doit rester cohérente.

On évitera également la formulation I. Thèse / II. Antithèse/ III. Synthèse, car elle incite à se répéter dans la troisième partie, ce qui est inutile et maladroit. Une argumentation bien construite ne doit jamais conduire à des redites (= répétitions).

Les sous-parties

Il faut toujours refaire un classement à l'intérieur de chaque partie : par ordre d'importance, thématique ou logique.

Les transitions

Il est conseillé de faire des transitions entre les grandes parties du devoir.

À la fin d'une partie, la **transition** reprend en quelques lignes ce qui vient d'être dit, puis elle annonce de quoi il va être question. À chaque étape de l'argumentation, elle rappelle le lien avec la problématique du sujet.

3. La rédaction d'un devoir complet d'argumentation

La rédaction de l'introduction et de la conclusion

On rédige l'introduction et la conclusion après avoir établi le plan du devoir au brouillon.

La rédaction de l'introduction

L'introduction comprend trois parties :

1. La première partie lance le thème du sujet de manière très générale (= « accroche » ou « amorce »)

   Ainsi, par exemple, si le sujet porte sur la lecture, on peut partir de la rentrée littéraire (plus de 650 romans publiés à l'automne) pour lancer le sujet.

   Il faut absolument éviter les formulations passe-partout, du type : « de tout temps, les hommes… ».

2. La deuxième partie reformule la thèse contenue dans le sujet.

   Si le sujet contient une citation, il faut reprendre cette citation, puis en expliciter la thèse.

3. La troisième partie annonce le plan du devoir, les grandes parties.

On peut utiliser une formulation du type : « On étudiera d'abord… ; puis on examinera… ; enfin on verra comment… » ; ou : « Nous étudierons… Nous examinerons… ».

On évite l'emploi du « je ». Cette consigne vaut d'ailleurs pour l'ensemble du devoir. Le « on » ou le « nous » sont préférables parce qu'ils donnent un tour moins personnel et plus objectif à l'argumentation.

À noter également que l'annonce du plan peut se faire sous la forme de questions. À chaque grande partie du devoir correspond alors une question.

Par exemple : « Que peut apporter une représentation théâtrale au spectateur ? Et quels avantages peut procurer, par ailleurs, la simple la lecture d'une pièce ? » (voir sujet ci-dessous).

Exemple d'introduction :

Soit le sujet suivant : est-il indispensable d'assister à la représentation pour apprécier une pièce de théâtre ?

Voici un exemple possible d'introduction :

En septembre, la rentrée scolaire coïncide avec la rentrée théâtrale. De nombreuses salles proposent aux spectateurs, abonnés ou non, la programmation de leurs nouvelles saisons. Étant donné le succès de certains spectacles, comme ceux d'Ariane Mnouchkine notamment, le spectateur averti doit bien souvent s'y prendre à l'avance s'il veut avoir des places.

Mais est-il absolument nécessaire d'assister à la représentation d'une pièce de théâtre pour l'apprécier à sa juste valeur ?

Nous examinerons tout d'abord ce peut apporter une représentation théâtrale au spectateur, puis nous envisagerons quels avantages peut procurer la simple lecture d'une pièce.

La rédaction de la conclusion

La conclusion comprend deux parties. En quelque sorte, on ferme une porte et l'on ouvre une fenêtre.

1. La première partie fait le bilan du devoir, en mettant en valeur les points importants développés dans l'argumentation.
2. La deuxième partie propose une ouverture sur un autre sujet, en lien avec le sujet traité dans le devoir.

Par exemple, si le sujet porte sur le rôle du théâtre, à la fin du devoir, on peut envisager l'avenir de ce genre très ancien et poser le problème de la concurrence des nouvelles technologies, qui sont une autre manière de s'adresser au grand public.

Exemple de conclusion :

Si l'on reprend le sujet ci-dessus sur le théâtre : est-il indispensable d'assister à la représentation pour apprécier une pièce de théâtre ?, voici un exemple possible de conclusion :

Initialement écrite pour être jouée, comme le marquent les didascalies, une pièce de théâtre gagne beaucoup à être représentée. Sinon, comment apprécier la part non verbale du texte, spécifique du genre ? Le décor, les costumes, le jeu des acteurs sont autant d'éléments qui donnent vie à la pièce et procurent du plaisir au spectateur. Toutefois, il ne faut pas mésestimer le bénéfice que peut apporter la simple lecture d'une pièce : la lecture permet de découvrir le texte à son rythme, dans des lieux et à des moments choisis. Et elle laisse libre cours à l'imagination du lecteur qui se fait intérieurement sa propre mise en scène.

Mais on peut se demander si, à l'avenir, la représentation ne prendra pas finalement le pas sur la lecture. En effet, les nouvelles technologies offrent un accès de plus en plus facile à la représentation. Les amateurs de théâtre peuvent depuis longtemps profiter des retransmissions télévisées, et depuis peu, les vidéo-projections sur grand écran, en direct ou en différé, rendent la représentation accessible à un plus grand nombre. On ne peut de toute façon que s'en réjouir…

La rédaction d'un devoir complet

Soit le sujet suivant :

Expliquez et discutez cette affirmation de Ionesco, dans *Notes et contre-notes* :

« Il faut aller au théâtre comme on va à un match de football, de boxe, de tennis. Le match donne en effet l'idée la plus exacte de ce qu'est le théâtre à l'état pur : antagonismes en présence, oppositions dynamiques, heurts sans raison de volontés contraires ». Le plaisir éprouvé au théâtre résulte-t-il seulement du spectacle d'un affrontement ? Appuyez-vous sur des exemples précis.

Devoir rédigé

Lorsque les théâtres rouvrent leurs portes en septembre, l'engouement des spectateurs est révélateur du plaisir qu'ils retirent de ce type de spectacle. Mais au fait, en quoi consiste le plaisir théâtral ? Ionesco fait la proposition suivante : « Il faut aller au théâtre comme on va à un match de football, de boxe, de tennis. Le match donne en effet l'idée la plus exacte de ce qu'est le théâtre à l'état pur : antagonismes en présence, oppositions dynamiques, heurts sans raison de volontés contraires. » Selon lui, c'est donc la notion de conflit qui fait l'essence même du théâtre. Au stade, la lutte physique entre les joueurs n'est guère différente de l'affrontement entre des forces opposées sur la scène.

Dans un premier temps, nous verrons sous quelles formes se manifeste le conflit sur une scène de théâtre. Nous analyserons ensuite le plaisir qu'en retire le spectateur. Enfin, nous nous interrogerons sur d'autres conceptions possibles de l'art théâtral.

Ionesco compare l'action théâtrale à un match où la notion d'affrontement est essentielle. Il nous faut préciser les types d'oppositions que le théâtre met en œuvre.

Ainsi, la notion de conflit est bien au cœur du théâtre dès ses origines. Dans l'Antiquité grecque, la tragédie exprime un conflit entre l'homme et son destin. Le héros tragique essaie d'exercer sa liberté et de lutter contre la destinée que lui imposent les Dieux. Cette lutte est vaine, et c'est ce qui la rend tragique, puisqu'elle ne peut se résoudre que dans la mort. La pièce de Sophocle, *Œdipe-roi*, illustre parfaitement ce combat inégal entre les hommes et les Dieux. Œdipe essaie en vain de déjouer la prédiction funeste de l'oracle : « Tu tueras ton père, tu épouseras ta mère. » La parole sacrée s'accomplira de toute façon. Quand il comprendra l'ampleur du désastre, Œdipe ne pourra que se crever les yeux et partir en exil. Il est condamné à l'errance. C'est une mort symbolique, plus cruelle encore que la mort physique.

En outre, on constate que la notion de conflit tragique évolue au fil du temps. Au XVIIe siècle, la lutte entre l'homme et les Dieux est encore présente dans le théâtre de Racine. Phèdre est la victime de la déesse de l'amour : « C'est Vénus tout entière à sa proie attachée », se lamente-t-elle. Mais dans le théâtre de Corneille, le conflit apparaît sous une autre forme. Le héros n'est plus aux prises avec les Dieux. Il est en butte à des obstacles extérieurs. Dans *Le Cid*, la querelle entre les pères des jeunes gens oblige Rodrigue à faire taire son amour pour Chimène. Il doit avant tout venger l'honneur de son père. Au XIXe siècle, le drame romantique propose un autre type de conflit, la lutte entre le Bien et le Mal. Ainsi, le personnage éponyme de *Ruy Blas*, de Victor Hugo, incarne l'honnêteté face à la corruption des Grands d'Espagne. Dans *Lorenzaccio* de Musset, le héros est écartelé entre le vice et la vertu. Il a plongé dans la luxure pour se rapprocher d'Alexandre de Médicis afin de débarrasser Florence de ce tyran. Au XXe siècle, dans *Le Diable et le Bon Dieu*, Sartre également sa pièce sous le signe de l'opposition entre le Bien et le Mal.

Enfin, la comédie repose elle aussi sur la notion clé de conflit. Très souvent, le conflit éclate dès la scène d'exposition. Dans la première scène de *Tartuffe*, de Molière, le conflit entre les partisans de Tartuffe et les autres membres de la famille apparaît d'emblée. Au début du *Jeu de l'Amour et du Hasard*, de Marivaux, le spectateur assiste à la dispute entre Lisette et Silvia au sujet du mariage. *Ubu-Roi* d'Alfred Jarry s'ouvre sur une scène de ménage burlesque entre le Père Ubu et la Mère Ubu.

Mère Ubu trouve que son mari manque d'ambition et le lui fait vertement savoir. Plus généralement, rappelons que le thème du mariage est traditionnel dans une intrigue de comédie. Il génère des querelles et des conflits d'intérêts entre les jeunes gens et les pères.

En somme, tragique ou comique, l'action théâtrale est avant tout conflit. En ce sens, on ne peut qu'adhérer à la définition proposée par Ionesco. Reste à comprendre pourquoi ce conflit est source de plaisir.

Le théâtre est un affrontement qui procure du plaisir : pour quelles raisons ?

Tout d'abord, le conflit est créateur de suspens puisqu'il sous-tend la progression dramatique de la pièce. Le spectateur attend avec intérêt le « coup de théâtre » qui va résoudre la situation. Il s'identifie aux personnages et partage avec eux toutes les péripéties de l'intrigue. Il est suspendu au déroulement de l'action jusqu'au dénouement. La fin de la pièce permet la résolution du conflit, tantôt tragique, tantôt heureuse. À la fin de *Tartuffe*, de Molière, le retournement de situation est spectaculaire. L'émissaire du roi intervient pour démasquer Tartuffe et sauver Orgon de la ruine. La tension tombe, tout est bien qui finit bien, conformément aux règles de la comédie. Le danger de que représentait Tartuffe est écarté et tous les membres de la famille se réconcilient.

D'autre part, le plaisir du public est plus serein lorsque le dispositif théâtral est mis à distance. Le spectateur ne s'identifie plus aux inquiétudes des personnages qui se débattent pour résoudre le conflit. Ainsi, dans le théâtre de Marivaux, la structure du double registre correspond à deux catégories de personnages : ceux qui maîtrisent la situation et ceux qui la subissent. Le spectateur est privilégié puisqu'il connaît les tenants et les aboutissants du conflit grâce à la première catégorie de personnages. Son plaisir consiste à voir comment la deuxième catégorie de personnages tente de se sortir d'affaire. Dans *Le Jeu de l'amour et du hasard*, le conflit est d'ordre psychologique. Sylvia est tiraillée entre son amour et son amour-propre. Elle sent de l'inclination pour Dorante, qu'elle prend pour un valet, et son orgueil l'empêche justement d'admettre qu'elle est amoureuse d'un valet. Son père et son frère sont au courant de la véritable identité de Dorante. C'est en réalité un jeune homme de bonne famille, un maître, et non valet. Ils s'amusent tous deux du conflit d'amour-propre qui fait souffrir Silvia, car ils savent par avance que la résolution en sera heureuse. Du coup, le spectateur peut lui aussi suivre sans angoisse les tourments de Silvia. Il retire un plaisir certain à en savoir plus que le personnage.

Le dispositif tragique est un autre moyen pour le spectateur de prendre ses distances avec ce que vit le personnage. En effet, le héros tragique lutte pour sa liberté contre les Dieux, en vain. Ce combat suscite d'abord la pitié du spectateur qui plaint le héros d'être la victime des Dieux. Puis ce sentiment de pitié se double d'un sentiment de terreur devant l'ampleur du crime accompli par le protagoniste. Dans *Œdipe Roi* de Sophocle, le spectateur éprouve à la fois de la pitié et de l'horreur pour Œdipe qui a perpétré le parricide et l'inceste. Dans l'Antiquité grecque, le théoricien Aristote analyse ce mécanisme sous le terme de « catharsis », la « purgation des passions ». La représentation théâtrale libère (= purge) le spectateur de ses mauvaises passions. Le conflit tragique est libérateur pour le spectateur qui ressort du théâtre comme purifié de ses bas instincts.

Le théâtre est donc un affrontement qui procure du plaisir au public pour deux raisons principales et complémentaires. La première est que le spectateur peut s'impliquer dans le conflit et en suivre les péripéties aux côtés des personnages, entre espoir et crainte. La seconde est que le spectateur peut avoir le privilège au contraire de prendre ses distances par rapport aux personnages impliqués dans le conflit.

Si Ionesco a raison de mettre la notion de conflit au cœur du plaisir théâtral, il convient aussi d'envisager d'autres conceptions possibles de l'art théâtral.

D'une part, à partir de la deuxième moitié du XXe siècle surtout, la structure dramatique de la pièce ne repose plus toujours sur un conflit. C'est même parfois l'absence de conflit qui constitue la trame de la pièce. Dans le théâtre de Beckett, le vide se substitue à la dynamique d'une situation conflictuelle. Dans une pièce comme *En attendant Godot*, l'attente des personnages et du spectateur est tout ce qu'il reste de l'action théâtrale. Cette attente vaine et désespérée d'un Godot qui ne viendra jamais se veut à l'image du caractère tragique et absurde de la condition humaine.

D'autre part, le conflit n'est pas le seul critère de réussite d'une pièce. Ainsi, le plaisir du langage doit être pris en compte lorsqu'il s'agit d'évaluer le plaisir théâtral. « Le grand théâtre, c'est d'abord un beau langage », disait Louis Jouvet. Dans la comédie, l'échange vif et rythmé des répliques est un bonheur pour le spectateur. Dans la scène 2 de l'acte II de *Tartuffe*, Dorine interpelle Orgon en faveur de sa fille, qui assiste à la scène, muette et impuissante. Molière utilise magistralement le procédé de la stichomythie, qui consiste à faire se répondre deux personnages, vers à vers. Peu à peu, la servante à la langue bien pendue prend le dessus sur son maître qui déraisonne. Dans le théâtre de Marivaux, la reprise subtile des mêmes termes d'une réplique à l'autre fait tout le charme du dialogue. Le plaisir des mots va de pair avec l'expression des méandres du cœur. C'est ce qu'on appelle le « marivaudage ». Dans *Le Jeu de l'amour et du hasard*, les scènes 5 et 6 de l'acte I en offrent un bel exemple lors de la première rencontre entre Silvia et Dorante.

Dans la tragédie ou le drame, le caractère poétique du texte touche le spectateur et accentue son plaisir. Il peut s'agir des sonorités inimitables d'un vers de Racine : « Tout m'afflige et me nuit, et conspire à me nuire », où le procédé de l'allitération rend sensible au spectateur la souffrance de Phèdre. Les longues répliques de Lorenzaccio, personnage éponyme de la pièce de Musset, sont également très émouvantes.

Enfin, on peut élargir le plaisir littéraire du beau langage au plaisir esthétique particulier que seul le théâtre procure. En effet, le spectacle théâtral fait la part belle au plaisir des yeux grâce au décor et aux costumes. Il devient même spectacle total lorsqu'il inclut le chant et la danse. Il renoue alors avec ses origines antiques. Le terme de « tragédie » en porte la marque puisqu'il signifie étymologiquement le « chant du bouc », le chant en l'honneur du bouc sacrifié sur l'autel. *Le Théâtre du Soleil* d'Ariane Mnouchkine avait parfaitement su recréer cette richesse visuelle et musicale avec le cycle des *Atrides*, inspiré d'Eschyle, de Sophocle et d'Euripide, en hommage au théâtre grec des origines.

Pour conclure, on peut rappeler les propos de Ionesco : « Il faut aller au théâtre comme à un match de football », et y souscrire dans la mesure où bien des aspects du théâtre reposent sur la notion de conflit : conflit entre la fatalité et la liberté du héros tragique, conflit entre le Bien et le Mal, conflit entre les personnages. Le spectateur s'implique dans l'évolution de ce conflit, ou, au contraire, prend ses distances pour être exempté de l'angoisse. Dans les deux cas, le plaisir est au rendez-vous Mais il ne faut pas mésestimer pour autant d'autres sources de plaisir au théâtre, comme la beauté de la langue et la magie du spectacle qui peut réunir d'autres arts comme la musique, le chant, la danse, la peinture et le design pour les décors…

Finalement, définir le plaisir du spectateur au théâtre n'est pas une chose aisée. Ce plaisir est multiple et ne saurait se réduire à une réflexion théorique ? Ce qui se joue dans la salle et sur la scène est de l'ordre de l'émotion, échappe à l'analyse et garde sa part de mystère, pour le plus grand plaisir, justement, du spectateur.

Énoncés des exercices

* Exercice 1

Voici un paragraphe extrait d'une argumentation en faveur de la bande dessinée :

1. Repérez l'alinéa, la formulation de l'argument en tête de paragraphe, le développement de l'argument à l'aide de l'exemple, la reprise de l'argument à la fin du paragraphe.

   La bande dessinée peut être une source de connaissances pour son lecteur. Elle lui permet de découvrir des lieux et des époques qu'il ignore, ou qu'il se représente vaguement. Les albums de bandes dessinées les lui montrent avec précision. Ainsi, en lisant *Astérix*, le lecteur se fait une idée précise des soldats romains. Il voit leurs costumes, comprend leur organisation en centuries, apprend leur stratégie militaire. Derrière l'humour et la fantaisie, les décors et les personnages sont porteurs de connaissances.

2. À votre tour, construisez un paragraphe sur le même modèle pour défendre la bande dessinée.

Exercices

* Exercice 2

Le paragraphe suivant s'inspire des propos d'Antonin Artaud dans *Le Théâtre et son double* (1938). Il contient une phrase empruntée à un autre texte : retrouvez-la.

Les chefs-d'œuvre du passé sont bons pour le passé ; ils ne sont pas bons pour nous. Nous avons le droit de dire ce qui a été dit et même ce qui n'a pas été dit d'une façon qui nous appartienne, qui soit immédiate, directe, réponde aux façons de sentir actuelles, et que tout le monde comprendra. Les parents ont par priorité le droit de choisir le genre d'éducation à donner à leurs enfants. Il est idiot de reprocher à la foule de n'avoir pas le sens du sublime, quand on confond le sublime avec l'une de ses manifestations formelles qui sont d'ailleurs toujours des manifestations trépassées. Et si, par exemple, la foule actuelle ne comprend plus *Œdipe Roi*, j'oserai dire que c'est la faute à *Œdipe Roi*, et non à la foule.

** Exercice 3

Voici des arguments justifiant des thèses. Classez ces arguments par ordre d'importance.

Thèse 1 : Il est utile d'étudier les langues anciennes.

- Argument 1 : Cet apprentissage est une école de rigueur.
- Argument 2 : Cet enseignement facultatif peut rapporter des points supplémentaires au baccalauréat.
- Argument 3 : L'étude des langues anciennes permet de mieux maîtriser la langue française.

Thèse 2 : Internet est un formidable outil de connaissances.

- Argument 1 : Internet permet de partager les connaissances.
- Argument 2 : Internet abolit les distances et permet d'avoir une information immédiate.
- Argument 3 : Seul Internet permet d'accéder à une masse aussi importante de connaissances sur un sujet donné.

Thèse 3 : La connaissance du passé est indispensable.

- Argument 1 : Elle permet de mieux comprendre le monde dans lequel nous vivons.
- Argument 2 : Elle permet d'éviter certaines erreurs commises par le passé.
- Argument 3 : Elle permet d'honorer la mémoire de ceux qui ont lutté pour notre liberté.

** Exercice 4

Trouvez les mots de liaison qui permettraient d'enchaîner les arguments suivants :

Thèse : Les diplômes facilitent l'accès à la vie active

- Argument 1 : Ce sont les jeunes diplômés qui s'en sortent le mieux sur le marché du travail.
- Argument 2 : Les diplômes sont l'aboutissement d'une formation intellectuelle approfondie qui permet une bonne adaptation au monde du travail.
- Argument 3 : L'obtention d'un diplôme est le signe d'une bonne capacité de travail.

** Exercice 5

Reformulez la thèse contenue dans chacun des sujets suivants :

- **Sujet 1** : Molière écrit dans la préface de *Tartuffe* (1669) : « L'emploi de la comédie est de corriger les vices des hommes. » Qu'en pensez-vous ?
- **Sujet 2** : Selon Voltaire, les meilleurs livres sont ceux dont le lecteur fait la moitié. Vous essaierez d'expliquer et de justifier ce point de vue à l'aide d'exemples précis.
- **Sujet 3** : Il ne suffit pas de raconter un roman pour en rendre compte. Vous tenterez d'expliquer et de discuter cette affirmation en vous appuyant sur des exemples précis.

** Exercice 6

Soit le sujet suivant : Le rôle principal de la lecture est d'apporter l'oubli et la distraction. Qu'en pensez-vous ?

1. Trouvez au moins deux arguments pour justifier cette thèse.
2. Trouvez les exemples qui illustrent ces arguments.
3. Trouvez au moins deux arguments qui remettent en question cette thèse, puis les exemples correspondants.

*** Exercice 7

Soit les sujets suivants :

- **Sujet 1** : Quels profits peut-on tirer de la lecture d'un bon roman ?
- **Sujet 2** : Que pensez-vous de cette affirmation : il est du rôle de l'écrivain d'intervenir dans la vie publique ?
- **Sujet 3** : Selon vous, quelle est l'utilité de la littérature ?
- **Sujet 4** : au XIXe siècle, Baudelaire juge la presse comme un « tissu d'horreurs ».

Qu'en pensez-vous ?

Pour chacun des sujets :

1. Repérez si l'on vous demande de justifier ou de discuter la thèse du sujet.
2. Puis à l'aide des différents types de plans que vous connaissez (par ordre croissant d'importance, thématique, logique, dialectique), dites quelles seront les grandes parties du devoir. Puis classez-les.
3. Pour le sujet 1, établissez le plan complet du devoir : complétez les grandes parties du devoir en établissant et classant les sous-parties.

** Exercice 8

Indiquez les deux parties possibles d'un développement qui s'articulerait autour de la transition suivante :

Partie 1 :

Mais s'il est indiscutable que notre monde contemporain est de plus en plus dominé par la pensée scientifique, on note toutefois une recrudescence des croyances et des superstitions dans des domaines tels que l'astrologie ou la voyance.

Partie 2 :...

Exercices

** Exercice 9

Soit le sujet suivant :

Voici comment Albert Camus rend compte de sa découverte de la lecture :

> « Nanti d'une étrange et neuve liberté, j'avançais, hésitant, sur une terre inconnue. Je venais d'apprendre que les livres ne versaient pas seulement l'oubli et la distraction. » Et vous ? Que vous ont apporté les livres ?

L'introduction et la conclusion de ce devoir comportent des erreurs que vous vous efforcerez de repérer et de corriger.

Introduction

Albert Camus écrit : « Nanti d'une étrange et neuve liberté, j'avançais, hésitant sur une terre inconnue. Je venais d'apprendre que les livres ne versaient pas seulement l'oubli et la distraction. »

Nous pouvons nous demander si la lecture n'est qu'un simple divertissement, ou si elle n'a pas un rôle plus important, comme celui de contribuer à notre liberté grâce aux connaissances qu'elle nous apporte sur nous-mêmes et sur le monde.

Conclusion

Donc, s'il est vrai que le divertissement est la fonction la plus évidente de la lecture, son intérêt ne s'arrête sans doute pas là. Une œuvre littéraire peut avoir une influence majeure sur le lecteur, mais à son tour, le lecteur joue un rôle essentiel dans la création de cette œuvre. Tant qu'il n'est pas lu, le livre n'est pas achevé. Seul l'acte de lecture lui donne sa signification. C'est ce que l'auteur Michel Tournier a très bien analysé dans *Le Vol du vampire*.

Corrigés des exercices

Exercice 1

alinéa [La bande dessinée peut être une source de connaissances pour son lecteur] = *formulation de l'argument.* [Elle lui permet de découvrir des lieux et des époques qu'il ignore, ou qu'il se représente vaguement. Les albums de bandes dessinées les lui montrent avec précision.] = *développement de l'argument* [Ainsi, en lisant *Astérix*, le lecteur se fait une idée précise des soldats romains. Il voit leurs costumes, comprend leur organisation en centuries, apprend leur stratégie militaire.] = *exemple* Derrière l'humour et la fantaisie, [les décors et les personnages sont porteurs de connaissances.] = *reprise de l'argument*

Exercice 2

La phrase empruntée à un autre texte est la suivante :

> « Les parents ont par priorité le droit de choisir le genre d'éducation à donner à leurs enfants. »

Exercice 3

Par exemple

- Thèse 1 : argument 2 – argument 3 – argument 1 (classement par ordre croissant d'importance).
- Thèse 2 : argument 2 – argument 3 – argument 1 (classement par ordre croissant d'importance).
- Thèse 3 : argument 3 – argument 1 – argument 2 (classement par ordre croissant d'importance).

Le classement va souvent du particulier au général, en élargissant la réflexion.

Exercice 4

Par exemple :

L'obtention d'un diplôme est le signe d'une bonne capacité de travail. **De plus**, les diplômes sont l'aboutissement d'une formation intellectuelle approfondie qui permet une bonne adaptation aux situations rencontrées dans le monde du travail. Ce sont **donc** les jeunes diplômés qui s'en sortent le mieux sur le marché du travail.

Exercice 5

- **Sujet 1** : La fonction de la comédie est de corriger les hommes de leurs défauts.
- **Sujet 2** : Le lecteur doit participer très activement à la lecture d'un livre.
- **Sujet 3** : Le simple résumé d'un roman ne suffit pas à rendre compte de son intérêt.

Exercice 6

1. - **Argument 1** : La lecture permet d'oublier la réalité qui nous entoure.
   - **Argument 2** : La lecture nous donne accès à des histoires qui savent nous divertir.
2. - **Exemple 1** : Le « Livre de poche » est transportable partout. Il nous permet à tout moment de nous soustraire du monde qui nous entoure en plongeant dans la lecture.
   - **Exemple 2** : Les aventures d'*Harry Potter*, de J.K. Rowling, ont distrait des millions de lecteurs, jeunes et moins jeunes.
3. - **Argument 1'**: Les livres sont un outil de connaissances.
   - **Argument 2'**: Les livres incitent à la réflexion métaphysique et posent les grandes questions de l'existence : l'amour, le sens de la vie, la mort…

   Exemple 1': Au XVIIIe siècle, les philosophes des Lumières ont rédigé *L'Encyclopédie* pour faire la somme des connaissances et permettre une meilleure diffusion du savoir.

   Exemple 2': Un des romans de Laurent Gaudé, *La Porte des Enfers*, nous invite à méditer sur l'amour, la séparation, le deuil, le souvenir.

Exercice 7

1. - **Sujet 1** : justifier la thèse.
   - **Sujet 2** : discuter la thèse.
   - **Sujet 3** : justifier la thèse.
   - **Sujet 4** : discuter la thèse.
2. **Sujet 1**

   I. La lecture comme source de distraction

   II. La lecture comme source de connaissances

   III. La lecture comme source de réflexion sur l'existence (plan par ordre croissant d'importance)…

- **Sujet 2**

  I. OUI, l'écrivain doit intervenir dans la vie publique (littérature engagée…)

  II. MAIS il a d'autres fonctions : distraire, permettre au lecteur de mieux se connaître et de mieux connaître le monde qui l'entoure, créer de la beauté… (plan dialectique)

- **Sujet 3**

  I. Utilité pour soi

  II. Utilité historique et politique

  III. Utilité esthétique (plan thématique)

- **Sujet 4**

  I. Causes (la presse à sensations vend mieux)

  II. Conséquences (image déformée de la réalité) III Solutions (autre rôle de la presse)… (plan logique)

3. Sujet 1

I. La lecture comme source de distraction

1. Souplesse du livre : lire n'importe où, à n'importe quel moment.
2. Attrait des « histoires »

II. La lecture comme source de connaissances

1. Outil d'étude
2. Connaissance du monde qui nous entoure
3. Connaissance de soi

III. La lecture comme source de réflexion sur l'existence

1. Réflexion métaphysique : méditation sur l'amour, la vie, la mort…
2. Réflexion esthétique : l'émotion devant un beau texte, le rôle de l'art dans notre vie…

Exercice 8

- **Partie 1** : La prédominance de la pensée scientifique dans notre monde contemporain
- **Partie 2** : Le renouveau des croyances superstitieuses aujourd'hui

Exercice 9

- **Introduction** : Il manque la première partie, par exemple :

  Avec la publication de 650 romans environ, la rentrée littéraire témoigne chaque année de l'intérêt de nos contemporains pour la lecture. L'augmentation des ventes durant la période automnale des prix littéraires le confirme.

- **Conclusion** : Le bilan est trop rapide, trop bref. Il ne reprend pas les points importants du développement, par exemple :

  Le divertissement est la fonction la plus évidente de la lecture, mais l'intérêt du livre est multiple : source appréciable de connaissances, il reste surtout une formidable ouverture sur le monde en nous invitant à vivre d'autres expériences humaines.

2 L'apprentissage du commentaire littéraire

1. La méthode d'explication de texte

Qu'est-ce qu'une explication de texte ?

On peut définir le **commentaire littéraire** comme une explication de texte organisée en grandes parties selon des axes d'étude à déterminer.

La méthode d'explication de texte est à la base du commentaire. Une **explication de texte** littéraire relie le fond et la forme du texte.

Le fond est le contenu du texte, son sens, sa signification.

La forme dépend du genre du texte (roman, poésie, théâtre) et du style de l'auteur (étude des figures et des procédés de style…).

Il faut toujours analyser l'interaction entre le fond et la forme. Le sens peut influer sur le choix de la forme. Par exemple, pour exprimer ses sentiments amoureux, un écrivain choisira plutôt une forme poétique. Inversement, la forme contribue à la signification. On dit que « la forme fait sens ». Ainsi l'ironie exprime le regard critique des philosophes du XVIIIe siècle sur le monde qui les entoure.

L'explication linéaire, préalable indispensable à tout commentaire

Avant de construire un commentaire, il faut toujours faire une **explication linéaire** du texte au brouillon. On n'a pas à commenter systématiquement chacune des lignes du texte. Sur certaines lignes, il y a beaucoup à dire, sur d'autres, pas grand-chose.

Il faut faire une lecture attentive qui suit l'ordre du texte. Dès qu'un élément de contenu ou de forme attire l'attention, il faut le noter et l'analyser.

Un tableau peut faciliter cette étude linéaire. Dans une première colonne, on relève les citations intéressantes du texte. Dans une deuxième colonne, on repère les figures ou procédés de style. Et dans une troisième colonne, on précise l'interprétation du sens.

Ce tableau a l'avantage de prendre en compte l'interaction entre le fond et la forme, essentielle à l'exercice.

Exemple de tableau : étude linéaire du texte de Zola, extrait du chapitre 10 de *L'Assommoir* (1877)

> « Deux années s'écoulèrent, pendant lesquelles ils s'enfoncèrent de plus en plus. Les hivers surtout les nettoyaient. S'ils mangeaient du pain au beau temps, les fringales arrivaient avec la pluie et le froid, les danses devant le buffet, les dîners par cœur, dans la petite Sibérie de leur cambuse. Ce gredin de décembre entrait chez eux par-dessous la porte, et il apportait tous les maux, le chômage des ateliers, les fainéantises engourdies des gelées, la misère noire des temps humides. Le premier hiver, ils firent encore du feu quelquefois, se pelotonnant autour du poêle, aimant mieux avoir chaud que de manger ; le second hiver, le poêle ne dérouilla seulement pas, il glaçait la pièce de sa mine lugubre de borne de fonte. Et ce qui leur cassait les jambes, ce qui les exterminait, c'était par-dessus tout de payer leur terme. Oh, le terme de janvier, quand il n'y avait pas un radis à la maison, et que le père Boche présentait la quittance. Ça soufflait davantage de froid, une tempête du Nord. M. Marescot arrivait, le samedi suivant, couvert d'un bon paletot, ses grandes pattes fourrées dans des gants de laine ; et il avait toujours le mot d'expulsion à la bouche, pendant que la neige tombait dehors, comme si elle leur préparait un lit sur le trottoir, avec des draps blancs.
>
> Pour payer le terme, ils auraient vendu de leur chair. C'était le terme qui vidait le buffet et le poêle. Dans la maison entière, d'ailleurs, une lamentation montait. On pleurait à tous les étages, une musique de malheur ronflant le long de l'escalier et des corridors. Si chacun avait eu un mort chez lui, ça n'aurait pas produit un air d'orgues aussi abominable. Un vrai jour de jugement dernier, la fin des fins, la vie impossible, l'écrasement du pauvre monde. La femme du troisième allait faire huit jours au coin de la rue Belhomme. Un ouvrier, le maçon du cinquième, avait volé chez son patron. »

Citations	Procédés de style	Effet produit, Signification
« de plus en plus »	Connecteur temporel	Aggravation de la situation
« Les hivers […] les nettoyaient »	Personnification	L'hiver est une force destructrice.
« fringales », « danses devant le buffet », « dîners par cœur », « cambuse »	Langage populaire et imagé	Effet de réalisme. La faim tenaille les ouvriers.
« la petite Sibérie »	Métaphore	Insistance sur l'intensité du froid
« gredin de décembre »	Personnification	Importance de l'hiver, cause de tous les maux
« le chômage des ateliers, fainéantises engourdies des gelées, la misère noire des temps humides »	Énumération	Accumulation de tous les maux possibles
« Il glaçait la pièce de sa mine lugubre »	Personnification	Importance du poêle qui devrait chauffer, mais qui laisse le froid s'installer.
« Et ce qui leur cassait les jambes, ce qui les exterminait, c'était par-dessus tout de payer leur terme. »	Rythme ternaire, gradation	Hantise du loyer à payer, pire que la faim et le froid
« Oh ! le terme de janvier quand il n'y avait pas un radis à la maison, et le père Boche présentait la quittance ! »	Discours indirect libre	Effet de réalisme : Zola donne à entendre la voix des ouvriers.
« un lit sur le trottoir »	Métaphore	Évocation prémonitoire de la mort
« ils auraient vendu de leur chair »	Métonymie	Les ouvriers sont prêts à tous les sacrifices pour payer le terme.
« C'était le terme qui vidait le buffet et le poêle. »	Personnification, Métonymies	Le terme est une force maléfique responsable de la faim et du froid, symbolisés par le buffet vide et le poêle qui ne fonctionne pas.
« la maison entière », « à tous les étages », « le long de l'escalier et des corridors »	Termes globalisants	Généralisation de la souffrance
« musique de malheur », « air d'orgues »	Métaphore musicale	Expression de la souffrance, on songe à une marche funèbre.
« un vrai jour de jugement dernier, la fin des fins, la vie impossible, l'écrasement du pauvre monde. »	Accumulation, Métaphore : situation d'apocalypse.	La souffrance est à son paroxysme. La mort est proche.
« La femme du troisième […] avait volé chez son patron. »	Euphémisme. Juxtaposition, absence de commentaires	La misère pousse les pauvres gens au crime.

2. La construction d'un commentaire

Organiser l'ensemble du devoir

Le choix de la problématique

La **problématique** est la question qui oriente l'ensemble de l'explication. Elle porte sur des points qui éclairent l'étude du texte : la progression du texte, le genre, le registre, la visée argumentative…

Exemple : Quelle image Zola donne-t-il de la misère ouvrière ?

Trouver le plan (= les grandes parties)

À l'aide de l'explication linéaire (voir tableau ci-dessus), on regroupe certains éléments pour construire les grandes parties du devoir (= le plan). Le plan permet de répondre à la problématique.

Ordonner les grandes parties

L'ordre des grandes parties va du moins important au plus important. On part du plus évident dans le texte, puis on approfondit l'interprétation au fil du devoir.

Organiser et ordonner les sous-parties

Chaque grande partie est organisée en deux ou trois sous-parties (= paragraphes).

L'ordre des sous-parties peut aller du moins important au plus important. Le classement thématique est également possible.

Rédiger l'introduction et la conclusion du commentaire

L'introduction du commentaire

Elle comprend trois parties :

1. La première partie situe l'auteur du texte, son époque, le mouvement littéraire auquel il appartient. On parle d'« amorce » ou d'« accroche ».
2. La deuxième partie présente le texte, l'œuvre dont il est extrait et la problématique. On précise le genre du texte (roman, théâtre, poésie…), le type de texte (narration, description, monologue…), le registre (réaliste, fantastique, comique…). Il faut dire aussi de quoi parle le texte (présentation d'un personnage, description d'un lieu, conflit entre deux personnages…).

   Enfin, on formule la problématique à l'aide d'une question simple.
3. La dernière partie annonce les grandes parties du devoir, le plan.

On peut utiliser une formulation du type : « On étudiera d'abord… ; puis on examinera… ; enfin on verra comment… » ; ou : « Nous étudierons… Nous examinerons… ».

On évite l'emploi du « je ». Cette consigne vaut d'ailleurs pour l'ensemble du devoir. Le « on » ou le « nous » sont préférables parce qu'ils donnent un tour moins personnel et plus objectif au commentaire.

À noter également que l'annonce du plan peut se faire sous la forme de questions. À chaque grande partie du devoir correspond alors une question.

La conclusion du commentaire

Elle comprend deux parties :

1. La première partie répond à la problématique proposée dans l'introduction.

   Elle fait le bilan du commentaire. Elle met en valeur les points importants de l'explication.

2. La deuxième partie propose une ouverture, par exemple sur un autre texte du même auteur, de la même époque, du même type…

La rédaction d'un commentaire littéraire

Un problème de rédaction spécifique au commentaire : l'insertion des citations

Le commentaire doit s'appuyer sur des citations du texte, à analyser en faisant le lien entre le fond et la forme (voir début du chapitre).

Les citations sont intégrées à des phrases entièrement rédigées.

Il n'est pas question de présenter les citations sous forme de parenthèses ou de notes non rédigées.

- À ne pas faire

  « Ce gredin de décembre » : il s'agit d'une personnification qui rend l'hiver plus menaçant.

  La citation fait partie intégrante de la phrase.

- À faire

  La personnification du dernier mois de l'année en un « gredin » rend l'hiver plus menaçant.

Remarques

1. On peut intégrer la citation à la phrase d'analyse à l'aide des mots suivants : « comme », « tel que »…

   Exemples : Des termes comme « bon paletot », « gants de laine » soulignent… / Des expressions telles que « pleurait », « musique de malheur » « un vrai jour de jugement dernier » créent une atmosphère de…

2. On peut aussi nommer directement le procédé ou la figure de style.

   Exemples : La métaphore du « lit sur le trottoir » suggère… / Le terme populaire « cambuse » insiste sur…

3. Certains verbes facilitent le lien entre la citation et le reste de la phrase : évoquer, suggérer, traduire, souligner, mettre en relief, confirmer, indiquer…
4. Les citations courtes sont préférables, car elles sont plus faciles à intégrer.

Si la citation est particulièrement longue, on peut utiliser les deux-points, pour l'intégrer à la phrase d'analyse.

Exemple de commentaire entièrement rédigé

Devoir rédigé de commentaire sur le texte de Zola :

Zola est le chef de file du naturalisme, mouvement littéraire qui succède au réalisme à la fin du XIXe siècle. Le roman réaliste rend compte de la réalité contemporaine, quelle qu'elle soit. Dans le cycle des *Rougon-Macquart* (1871-1893), sous-titré comme *L'Histoire naturelle et sociale d'une famille sous le Second Empire*, Zola montre comment les ravages de l'alcoolisme, engendrés par la misère, se répercutent de façon irréversible d'une génération à l'autre.

Ainsi, dans *L'Assommoir*, Zola décide de donner à voir le milieu ouvrier parisien. Il veut faire « un roman sur le peuple, qui ait l'odeur du peuple ». Le passage que nous allons étudier est un extrait du chapitre X. Il décrit le moment où Gervaise et son mari Coupeau basculent définitivement dans la misère.

Dans un premier temps, nous verrons que Zola présente un monde social contrasté. Puis nous étudierons comment il donne vie au monde de la misère pour le rendre encore plus menaçant. Enfin, nous mettrons en valeur la progression temporelle et tragique du texte.

L'extrait du chapitre X de *L'Assommoir* que nous étudions est avant tout une description de la misère ouvrière à la fin du XIXe siècle. Zola rend cette misère encore plus saisissante en laissant entrevoir qu'un autre monde existe, celui des riches bourgeois. Il nous présente ainsi un monde social contrasté, qu'il convient d'étudier.

D'une part, le peuple miséreux est rendu présent par l'emploi d'un langage populaire, soigneusement étudié par Zola. L'écrivain a travaillé pour se documenter sur le langage argotique, qui lui paraît essentiel à la vérité de son roman. Ainsi des mots familiers comme « fringales » ou « cambuses » apparaissent sous la plume de l'auteur. Des expressions populaires et imagées telles que « les danses devant le buffet », « les dîners par cœur », jalonnent le texte. Et l'utilisation du discours indirect libre donne à entendre la voix du peuple au sein même de la description : « Oh ! le terme de janvier, quand il n'y avait pas un radis à la maison et que le père Boche présentait la quittance ! Ça soufflait davantage de froid, une tempête du Nord. » Comme le montrent toutes ces expressions populaires, deux fléaux menacent les petites gens, « le pauvre monde » : la faim, et le froid, représentés de façon métonymique par le buffet vide, et par le poêle qui ne fonctionne pas. Et encore, de ces deux maux, il faut choisir le moindre puisqu'ils aimaient « mieux avoir chaud que de manger. ». La métaphore de « la petite Sibérie » souligne le dénuement total de ces ouvriers, qui, victimes du « chômage » saisonnier, n'ont plus d'argent ni pour se nourrir, ni pour se chauffer. De surcroît, le loyer à payer achève de les appauvrir. L'expression métonymique « ils auraient vendu de leur chair » donne laisse imaginer leurs sacrifices.

D'autre part, le personnage du propriétaire s'oppose en tout point à ces ouvriers misérables. Il s'agit de « M. Marescot ». La déférence du titre de Monsieur marque d'emblée la différence sociale avec un « père Boche » par exemple. L'expression « grosses pattes fourrées » transforme métaphoriquement le personnage en un gros ours bien repu. La mention d'« un bon paletot » et des « gants de laine » insiste sur le caractère confortable de ses vêtements. Il ne connaît donc ni la faim ni le froid. Il est peu disposé à plaindre des maux qu'il ignore, il ne fera preuve d'aucune bienveillance à l'égard des plus démunis : « il avait toujours le mot d'expulsion à la bouche. »

La misère évoquée par Zola est d'autant plus frappante qu'il lui donne vie pour la rendre encore plus écrasante. L'hiver devient une entité redoutable ; le poêle, un personnage peu avenant ; et le terme, une force maléfique qui achève à petit feu les malheureux. Tous ces éléments prennent davantage d'importance que les hommes eux-mêmes. Il convient de les examiner tour à tour.

D'une part, l'hiver est présenté comme le catalyseur qui aggrave toutes les souffrances des ouvriers. Il est personnifié de façon menaçante dans une formule sans appel : « Les hivers surtout les nettoyaient ». La personnification est reprise par la périphrase péjorative « ce gredin de décembre ». Le personnage s'introduit chez les gens comme un intrus indésirable puisqu'il entre « par-dessous la porte ». Il est un visiteur funeste, porteur de « tous les maux », qui sont soulignés et précisés par un rythme ternaire : « le chômage des ateliers, les fainéantises engourdies des gelées, la misère noire des temps humides ».

Résumés de cours

D'autre part, lorsque les moyens manquent pour l'alimenter en charbon, le poêle est lui aussi personnifié. Il prend l'allure d'une personne engourdie par le froid, à la « mine lugubre », qui « ne dérouill [e] seulement pas ». Il glace l'atmosphère au lieu de la réchauffer.

Enfin, une dernière force destructrice s'acharne contre les pauvres gens. La menace du « terme » du loyer est accentuée par la tournure emphatique : « Et ce qui leur cassait les jambes, ce qui les exterminait, c'était par-dessus tout de payer leur terme ». Le rythme ternaire met en relief une gradation entre les termes « casser », « exterminer », « par-dessus tout ». Le « terme » ponctue d'ailleurs le passage comme un avertissement funeste. Le mot revient quatre fois en l'espace de quelques lignes. Le paiement du loyer ruine les habitants de l'immeuble. Il est le principal responsable de la faim et du froid : « c'était le terme qui vidait le buffet et le poêle. »

L'hiver, le poêle et le terme sont donc présentés comme des sujets maléfiques qui écrasent les ouvriers de misère. Le paiement du loyer est la grande hantise de Gervaise et de Coupeau car il est le dernier rempart contre la vie dans la rue. Mais malgré leurs efforts, les personnages glissent vers un destin funeste. Il convient d'étudier maintenant la progression temporelle et tragique du texte.

La situation du ménage s'aggrave en l'espace de deux hivers consécutifs. Les connecteurs temporels tels que « de plus en plus », « le premier hiver », « le second hiver » soulignent l'aggravation de la misère qui devient un processus irréversible. La pauvreté gagne du terrain. Elle menace d'acculer Gervaise et Coupeau à la mort.

En effet, le « terme » est une force maléfique contre laquelle les personnages luttent en vain. L'expulsion les guette comme une fatalité inéluctable. Elle risque de les conduire tragiquement vers la mort. La métaphore du « lit sur le trottoir, avec des draps blancs » est prémonitoire. Elle évoque l'hôpital et la mort. La neige leur tiendra lieu de dernier linceul.

Cette malédiction est d'autant plus tragique qu'elle ne frappe pas seulement Gervaise et Coupeau. Elle gagne tous les logements de l'immeuble. On relève des expressions globalisantes telles que « la maison entière », « à tous les étages », « le long de l'escalier et des corridors ». Les lamentations s'amplifient dans une sorte de crescendo sonore qui résonne comme une marche funèbre. L'allitération présente dans l'expression « musique de malheur », la métaphore des « orgues » pour évoquer les plaintes des mourants, nous font assister à un enterrement collectif qui prend même des allures d'apocalypse.

Une atmosphère d'apocalypse est en effet nettement convoquée par les expressions « un vrai jour du jugement dernier », « la fin des fins ». À ces termes s'ajoutent « la vie impossible », « l'écrasement du pauvre monde », dans une accumulation qui suggère tout le poids de la misère.

Le vol et la prostitution sont les ultimes étapes de la déchéance. On songe à Jean Valjean et à Fantine dans *Les Misérables* de Victor Hugo. Zola fait de la de la misère l'origine de tous les vices. Au lecteur de tirer cette sévère conclusion, puisque l'auteur se contente de rapporter les faits, sans les commenter. Nul besoin d'exégèse pour comprendre l'horreur tragique de la situation. La sobre périphrase « faire huit jours au coin de la rue Belhomme » suggère la nécessité de la prostitution pour survivre. Et la formule lapidaire « avait volé chez son patron » met l'accent sur l'indignité de l'action, et non sur l'objet du vol, laissé dans l'ombre. La misère réduit les petites gens au crime : telle est la vérité que nous assène Zola.

Pour conclure, nous soulignerons qu'un seul paragraphe suffit à Zola pour recréer les conditions de vie difficiles de la classe ouvrière à la fin du XIXe siècle. Il rend sensibles au lecteur des souffrances lancinantes telles que la faim et le froid. Il donne vie à cette évocation grâce au langage populaire et aux personnifications. L'échéance du loyer à payer, le « terme », devient une hantise pour les pauvres gens. Malgré leurs efforts, ils sont entraînés inéluctablement à leur perte par une sorte de fatalité sociale. Cet engrenage n'épargnera pas Gervaise et Coupeau, dont le sort tragique est ici annoncé.

Zola voulait que *L'Assommoir* marque l'entrée du peuple en littérature. À la même époque, cette tendance réaliste est également présente dans la peinture. Ainsi, le peintre Gustave Courbet rassemble pour la première fois les habitants de tout un village sur une gigantesque toile, *L'Enterrement à Ornans.* Les petites gens ont désormais droit aux mêmes honneurs artistiques que les Grands de ce monde.

Fiche mémento : les principales figures de style

1. Les figures de style par analogie

Allégorie : représentation concrète d'une idée abstraite. *« Le Temps mange la vie »,* Baudelaire (*la majuscule exprime l'allégorie*)

Comparaison : après « comme », « tel que », « semblable à », « pareil à »… *« La terre est bleue comme une orange »,* Éluard

Métaphore : comparaison implicite, sans outil de comparaison (sans « comme »…). *« Le ciel mit dans mon sein une flamme funeste »,* Racine *(métaphore du feu de la passion)*

Métonymie : on désigne une chose par une autre chose : les deux éléments ont une relation d'appartenance, d'origine, de contiguïté… *Boire un verre : désignation du contenu par le contenant. Tout Lyon est aux fenêtres : désignation des habitants par le lieu.*

Périphrase : on remplace un mot par une expression plus suggestive. *« La saison des amours » pour dire « le printemps ».*

Personnification : comparaison avec une personne. *« Salut ! bois couronnés d'un reste de verdure ! »,* Lamartine *(personnification des bois, comparés à des rois)*

2. Les figures de style par substitution

Métonymie : on désigne une chose par une autre chose : les deux éléments ont une relation d'appartenance, d'origine, de contiguïté… *Boire un verre : désignation du contenu par le contenant. Tout Lyon est aux fenêtres : désignation des habitants par le lieu.*

Périphrase : on remplace un mot par une expression plus suggestive. *« La saison des amours » pour dire « le printemps ».*

3. Les figures de style par opposition

Antiphrase : on dit le contraire de ce que l'on pense dans une intention ironique. *« Bravo, c'est réussi ! » : on emploie des termes positifs pour faire des reproches.*

Antithèse : opposition entre deux mots ou deux expressions. *« Et jamais je ne pleure, et jamais je ne ris »,* Baudelaire

Chiasme : parallélisme inversé de type AB/BA. *« Vous êtes aujourd'hui / ce qu'autrefois je fus »,* Corneille

Oxymore : juxtaposition de deux mots de sens contraire. *« Cette obscure clarté qui tombe des étoiles. »,* Corneille

4. Les figures d'amplification ou d'atténuation

Anaphore : reprise d'un même mot ou d'une même expression au début de phrases ou de vers successifs. *« J'accuse [...]. J'accuse [...]. J'accuse [...] », Zola*

Gradation : énumération de termes dans un sens croissant ou décroissant. *« Va, cours, vole, et nous venge. »,* Corneille

Hyperbole : exagération. *« affolé de joie »,* Maupassant

Litote : dire moins pour suggérer plus. *« Va, je ne te hais point. »,* Corneille *(pour dire « je t'adore)*

Énoncés des exercices

** Exercice 1

Identifiez les **figures de style** présentes dans les phrases suivantes et précisez pour chacune d'elle l'effet produit.

1. « Vers le nord, le troupeau des nuages qui passe, Poursuivi par le vent, chien hurlant de l'espace… » (Hugo).
2. « Et ce fer que mon bras ne peut plus soutenir

   Je le remets au tien pour venger et punir. » (Corneille)
3. « Je vis, je meurs ; je me brûle et me noie.

   J'ai chaud extrême en endurant froidure. » (Louise Labé)
4. « Je la comparerais à un soleil noir, si l'on pouvait concevoir un astre noir versant la lumière et la couleur. » (Baudelaire)
5. « Va, je ne te hais point. » (Corneille)
6. « C'était là que fonctionnait de temps en temps la bascule à raccourcir, à l'aube, devant tout le monde quand la société n'était pas si pudique. » (Boudard)
7. « Jours de lenteur, jours de pluie,
   Jours de miroirs brisés et d'aiguilles perdues,
   Jours de paupières closes à l'horizon des mers,
   D'heures toutes semblables, jours de captivité… » (Éluard).

** Exercice 2

Voici la première phrase de *L'Éducation sentimentale* (1869) de Flaubert :

> « Le 15 septembre 1840, vers six heures du matin, *la Ville-de-Montereau*, près de partir, fumait à gros tourbillons devant le quai Saint-Bernard. »

Voici quelques phrases de commentaire sur le registre réaliste de cet incipit. Corrigez-les si nécessaire, lorsque le lien entre le fond et la forme n'est pas établi.

1. Le début du roman décrit un bateau qui s'apprête à partir sur le quai Saint Bernard.
2. Flaubert utilise des chiffres précis.
3. L'utilisation de noms propres précis tels que « la Ville de Montereau », « le quai Saint-Bernard », contribue à créer un effet réaliste.
4. L'auteur explique que le bateau « fumait à gros tourbillons devant le quai Saint-Bernard. »

Exercices

*** Exercice 3

À l'aide du tableau sur le texte de Zola (citations/procédés/effet produit), trouvez deux ou deux grandes parties possibles pour construire le commentaire.

Rappel de la problématique : Quelle image Zola donne-t-il de la misère ouvrière ?

** Exercice 4

Dans quel ordre présenteriez-vous les grandes parties que vous avez trouvées pour faire le commentaire du texte de Zola ? Justifiez votre choix.

** Exercice 5

Choisissez une grande partie parmi celles que vous avez proposées pour construire le commentaire du texte de Zola. Puis présentez de façon ordonnée les sous-parties qui correspondraient à cette partie du devoir.

** Exercice 6

Voici une introduction pour le commentaire du texte de Zola. Elle comprend plusieurs erreurs. À vous de les repérer !

Dans *L'Assommoir*, Zola décrit la misère ouvrière.

Dans un premier temps, nous verrons que Zola présente un monde social contrasté. Puis nous étudierons comment il donne vie au monde de la misère, pour le rendre encore plus menaçant. Enfin, nous mettrons en valeur la progression temporelle et dramatique du texte.

** Exercice 7

À vous de rédiger une conclusion sur le commentaire du texte de Zola.

Appuyez-vous sur le plan que vous avez proposé dans l'exercice précédent (voir exercice 3)

** Exercice 8

Pour chaque série d'éléments proposés, construisez une phrase correcte de commentaire :

1. « Un vrai jour de jugement dernier, la fin des fins, la vie impossible, l'écrasement du pauvre monde. » – énumération – aggravation de la déchéance.
2. « Ses grandes pattes fourrées » – métaphore animale – robustesse de M. Marescot.
3. personnification – « le terme qui vidait le buffet et le poêle » – impression de menace.
4. « le buffet et le poêle » – misère causée par la faim et le froid – métonymie.

Corrigés des exercices

Le devoir rédigé dans le chapitre sur le texte de Zola tient lieu de corrigé aux **exercices 3, 4, 5 et 7**.

Exercice 1

1. « le troupeau des nuages » : métaphore ; « chien hurlant de l'espace » : périphrase métaphorique. La métaphore est filée, elle donne vie aux nuages et au vent.
2. « ce fer » : métonymie qui désigne l'épée en évoquant sa solidité.
3. « Je vis, je meurs », « je me brûle et me noie ; », « chaud [...] froidure » : antithèses ; les souffrances de l'amour passent d'un extrême à l'autre.
4. « soleil noir » : oxymore qui insiste sur le caractère paradoxal de cette femme (« la »).
5. « je ne te hais point » : litote ; on dit le moins pour suggérer le plus ; ici, l'amour sans bornes de Chimène pour Rodrigue est formulé de manière atténuée.
6. « la bascule à raccourcir » : périphrase pour désigner la guillotine avec un humour inattendu (humour noir).
7. L'anaphore du mot « jours » ralentit le rythme du poème et suggère la lenteur du temps qui passe.

Exercice 2

1. Le début du roman décrit avec réalisme le départ d'un bateau sur le quai Saint-Bernard, comme le traduit l'expression « fumait à gros bouillons ».
2. Flaubert utilise des chiffres précis tels que « 15 septembre 1840 », « six heures » pour accentuer le registre réaliste de l'incipit.
3. Phrase correcte
4. Paraphrase ; voir phrase 1.

Exercice 6

Il manque la première partie de l'introduction (situer l'auteur, l'époque, le mouvement littéraire…).

La deuxième partie est incomplète : le texte à étudier n'est pas présenté avec précision, la problématique n'est pas formulée.

Exercice 8

1. L'énumération « un vrai jour de jugement dernier, la fin des fi ns, la vie impossible, l'écrasement du pauvre monde » souligne l'aggravation de la déchéance.
2. La métaphore « ses grandes pattes fourrées » évoque la robustesse de M. Marescot.
3. La personnification du terme « qui vidait le buffet et le poêle » accentue l'impression de menace.
4. Les métonymies du buffet et du poêle symbolisent la misère causée par la faim et le froid.

3 L'expression écrite

1. La prise de notes

Quelques conseils

1. Écouter et comprendre le cours pour **saisir l'essentiel**.
2. **Organiser les notes**, en faisant apparaître le plan du cours, en mettant des titres de parties, des numéros (I. 1., I. 2., II. 1, II. 2…)
3. Soigner et **aérer la présentation** (faire des alinéas, sauter des lignes, souligner les titres…).
4. Utiliser des **abréviations**, toujours les mêmes.
5. **Relire** les notes après le cours, à tête reposée, et les **compléter** si nécessaire (à l'aide de ses souvenirs du cours, des notes d'un camarade…).

Abréviations et symboles

Quelques abréviations	Quelques symboles
cpdt : cependant	+ : plus
dév : développement	− : moins
ds : dans	= : égal, semblable à…
p.ê. : peut-être	≠ : différent de…
pr : pour	≈ : environ
qd : quand	∞ : infini
gl : général	< : supérieur à
svt : souvent	> : inférieur à
gd : grand	§ : paragraphe
ms : mais	φ : philosophie
nbx : nombreux	ψ : psychologie
soc. : société	θ : tion (ex : soluθ pour solution)
tjs : toujours	↑ : augmente
pb : problème	↓ : diminue
qq : quelque	♀ : masculin
mvt : mouvement	♂ : féminin

2. La correction de la langue

On doit lire et relire le devoir en analysant les phrases pour éliminer les fautes.

Mémento de grammaire / orthographe / expression

Grammaire

1. Accorder le verbe avec le sujet.

   Exemple : « Les élèves de la classe insistent pour sortir à l'heure. »

2. Accorder l'adjectif avec le nom auquel il se rapporte.

   Exemples : « Les roses rouges » ; « les roses sont rouges » ; « elles sont émues. »

3. Pas de subordonnée isolée : ne pas oublier la proposition principale !

   Exemple 1 : ne pas écrire : « Tandis que l'auteur pense différemment. », mais écrire : « Le personnage soutient cette thèse, tandis que l'auteur pense différemment. »

   Exemple 2 : ne pas écrire : « Le poète qui se situe au carrefour de plusieurs mouvements littéraires. » mais écrire : Le poète, qui se situe au carrefour de plusieurs mouvements littéraires, marque une étape décisive dans l'évolution de la poésie au XIXe siècle.

   RAPPEL : la proposition subordonnée relative « qui se situe au carrefour de plusieurs mouvements littéraires » pourrait être remplacée par un simple adjectif qualificatif : « Le poète talentueux ».

4. Ne pas confondre interrogative directe et indirecte :

   La confusion entre interrogative directe et indirecte est très fréquente dans les introductions, au moment de formuler la problématique du sujet.

   - Comment l'auteur dénonce-t-il la guerre dans ce texte ? (interrogative directe : inversion du sujet ; point d'interrogation)
   - Nous verrons comment l'auteur dénonce la guerre dans ce texte. (interrogative indirecte : pas d'inversion du sujet ; pas de point d'interrogation)

La liste des erreurs est à compléter au fil des devoirs.

Orthographe

1. Attention aux homophones !

   Exemples : « son/sont » ; « et/est » ; « à/a » ; « on/ont » ; « élevé/élever »… « Sont », « est », « a », « ont » sont des verbes. On peut les remplacer par « étaient », « était », « avait », « avaient ».

   « Élever » est un verbe à l'infinitif. On peut le remplacer par un autre verbe à l'infinitif du 2e ou du 3e groupe, comme « finir » ou « prendre ».

2. **Ne pas utiliser d'abréviations** comme « télé », « etc. »…
3. **Écrire les chiffres en toutes lettres** sauf les dates et les siècles que l'on peut écrire en chiffres romains.

   Exemples : « les quatre adjectifs » ; « le 14 juillet 1789 » ; « le XVIIe siècle ».

   À noter : « mille » est invariable.

4. **Apprendre l'orthographe** des mots ou expressions suivants :

   Prendre part**i** pour/faire part**ie** de ; nou**rr**ir/mou**r**ir ; lan**ga**ge ; discu**ss**ion ; int**é**ressant ; déve**lopp**er ; a**tt**raper ; un héro**s ;** mé**ta**phore ; un ch**amp** lexic**al/** des cham**ps** lexic**aux**…

La liste de mots est à compléter au fil des devoirs.

Expression

1. Soigner la ponctuation.

   En particulier, mettre les virgules, qui correspondent à une pause dans la phrase.

2. Ne pas oublier les accents !
3. Faire des phrases assez courtes.

   Ne pas multiplier les subordonnées dans une même phrase.

Énoncé de l'exercice

** Exercice

Transformez les questions directes en questions indirectes. Vous utiliserez la formule d'introduction proposée. Vous soulignerez les changements opérés dans chaque nouvelle phrase obtenue.

1. Par quels procédés l'auteur rend-il son texte lyrique ?
   → *Nous chercherons…*
2. En quoi le titre est-il révélateur ?
   → *Nous verrons...*
3. Qu'est-ce que l'auteur cherche à exprimer ?
   → *On peut se demander...*
4. Qu'est-ce qui rend ces trois scènes tragiques ?
   → *Il convient d'abord d'analyser...*
5. Ce texte est-il impersonnel ?
   → *On se demandera d'abord...*

Corrigé de l'exercice

Exercice

1. Nous chercherons par quels procédés l'auteur **rend** son texte lyrique.
2. Nous verrons en quoi le titre **est** révélateur.
3. On peut se demander **ce que** l'auteur cherche à exprimer.
4. Il convient d'abord d'analyser **ce qui** rend ces trois scènes tragiques.
5. On se demandera d'abord **si** ce texte **est** impersonnel.

Bibliographie

Dictionnaires

- *Le Petit Robert 1, dictionnaire alphabétique et analogique de la langue française,* rédaction dirigée par Alain Rey.
- *Le Petit Robert des noms propres,* rédaction dirigée par Alain Rey.
- *Dictionnaire historique de la langue française,* sous la direction d'Alain Rey, Éditions Le Robert.
- *Dictionnaire des Littératures,* sous la direction de Jacques Demougin, Éditions Larousse.
- **Documents**
- *Les programmes de Français, classes de seconde,* ministère de l'Éducation nationale, direction de l'Enseignement scolaire.
- *Revue NRP*, Lettres, Lycée.
- « La Presse écrite en France au XXe siècle », Martin, Laurent, *Bulletin des bibliothèques de France* (BBF), 2006, n° 2, p. 104-104.

Manuels

- *XVIIe siècle, XVIIIe siècle, XIXe siècle*, collection « Lagarde et Michard », Éditions Bordas.
- *Français 2de*, Éditions Delagrave.
- *Français/Littérature 2de,* sous la direction de Jean-Pierre Aubrit et Denis Labouret, Éditions Bordas.
- *Littérature 2de*, Hélène Sabbah, Éditions Hatier.
- *Français Seconde*, sous la direction de Geneviève Winter, Éditions Bréal.
- *Méthodes et pratiques, Français 2de/1re*, sous la direction de Denis Labouret, Éditions Bordas.
- *Français 2de, Littérature*, sous la direction de Jean-Marie Bigeard, Éditions Magnard.
- *Français 2de, Textes et méthodes*, Éditions Nathan.

- *Français Première, Toutes séries*, sous la direction de Jean Jordy, Éditions Bertrand-Lacoste.
- *Français 1re, Toutes séries*, sous la direction de Denis Labouret et Jean-Pierre Aubrit, Éditions Bordas.
- *Littérature et langages, Le langage, le théâtre, la parole et l'image*, collection dirigée par Henri Mitterand, Éditions Nathan.
- *L'Écriture d'invention*, Adeline Lesot, collection « Profil », Éditions Hatier.
- *Du paragraphe à l'essai*, Gilberte Niquet, collection « Profil », Éditions Hatier.
- *L'Essai littéraire, initiation*, Catherine Weil, collection « Les Méthodiques », Éditions Hatier.
- *L'Image au collège*, ouvrage dirigé par Fabrice Wateau, Belin.
- *Littérature et société,* 2de enseignement d'exploration, Éditions Hachette éducation.

Sites

- *Weblettres*
- *Wikpédia*
- *Ukf media.fr*

Index

S

T

U

V

Z

Impression & brochage SEPEC - France
Numéro d'impression : 19367190634 - Dépôt légal : juillet 2019

IMPRIM'VERT®

PEFC™ 10-31-1470 / Certifié PEFC / Ce produit est issu de forêts gérées durablement et de sources contrôlées. / pefc-france.org